'지금 올바른 궤도에 있을지라도 만일 현실에 안주한다면 반드시 추월당할 것이다'라는 말이 있다. 나는 이 책을 읽지 않으면 언젠가는 추월당할 것 같은 오싹한 느낌을 받았다. 그러니 온라인 마케팅, 특히 인스타그램 마케팅에 관심이 있다면 일단 읽어보라. 할 것 많고 배울 것 많은 복잡한 시대에 인스타그램 마케팅의 해법을 시원하게 알려줄 것이다.

김용현, 라오나컨피던스(주) 대표

외식업을 하면서 인스타그램이 중요하다는 것은 매번 몸으로 느끼고 있었다. 그러던 중 《인스타그램으로 SNS 마케팅을 선점하라》를 읽었는데 정말 놀라웠고 많은 도움을 받았다. 아직 그 느낌이 가시기도 전에 저자의 두 번째 책 출간 소식을 듣게 되었다. 이 책 또한 정말 나만 알고 싶은 인스타그램 노하우들로 가득하다.

소종근, 역전할머니맥주 대표

나름대로 요즘 세상에 발 빠르게 적응하여 사업을 잘하고 있다고 생각했으나 저자의 책을 읽고 많은 반성을 했고 큰 충격을 받았다. 세상은 늘 급변하고 있다. 마케팅 도구도 문화도 정신없이 달라진다. 이런 상황에서 나에게 강력한 사업적 영감을 준 정진수 강사에게 감사하며 대한민국의 모든 사업가들에게 이 책을 추천한다.

손우빈, (주)빅토리어스 대표

지금까지 뷰티산업의 성장을 위해 많은 양질의 강사들과 교육의 기회를 제공하고 있지만 자신 있게 추천할 수 있는 강사는 많지 않다. 그 많지 않은 강사 중 한 명이 저자이다. 그의 열정과 따뜻함은 오늘보다 내일을 더욱 기대하게 한다. 그의 열정의 결실은 첫 번째 책에서 독자들에게 뜨거운 반응을 보였기에 이 책도 당연히 많은 이들에게 사랑받을 것이라고 확신한다.

송인순, 에스테틱브랜딩 컴퍼니 센티마노 대표

최근 SNS 마케팅 얘기를 하자면 빼놓을 수 없는 것이 인스타그램이다. 저자가 직접 마케팅하면서 인스타그램을 했던 결과물이 이 책이다. 편하게 접근할 수 있는 많은 예시와 이론과 경험을 바탕으로 한 강력하고 영향력 있는 인스타그램 마케팅 책이다. 인스타그램 마케팅의 방향을 확실하게 제시해 줄 것이다.

안지환, 폴스나인 대표

이 시대 유일 그리고 최고의 '인스타그램 실무 맞춤형 학습서'이다. 저자와 몇 해 전 만났던 첫날의 반가움과 설렘처럼, 구석구석 한 점의 궁금증 없이 한 계단씩 밟고 오르듯 초보자를 위한 노하우와 읽을거리가 풍부하다. 꼼꼼한 설명과 기업의 성공 사례들은 가히 경이로운 수준이다. 한 번쯤 이 시대 SNS 대세 최강의 #해시태그 마케팅 인스타그램 크루즈의 매력에 빠져 보길 바란다.

이유나, 한국능률협회 상임교수

1년 전, 모든 사람이 페이스북 마케팅으로 집중하고 있을 때 갑자기 출간된 《인스타그램으로 SNS 마케팅을 선점하라》는 온라인 마케팅의 새로운 기준을 제공하였다. 좀 더 심화 있는 그의 책을 기다리던 중 이 책이 나왔다. 여기서는 그간의 고민을 A에서 Z까지 자세히 풀었고, 일반 독자뿐만 아니라 광고주에게도 인스타그램 마케팅의 핵심 키를 제공한다. 인스타그램 마케팅의 고급 기술을 알고자 한다면 이 책의 필독을 권한다.

이정수, 고려대학교 온라인마케팅 최고경영자과정 외래교수 , JSN 경영컨설팅 대표

사람들은 인스타그램을 통해 세상의 모든 사람과 소통한다. 하지만 이렇게 막강한 도구인 인스타그램에 대한 교육이나 관련 서적이 국내에는 거의 없는 상태이다. 이러한 상황에서 이 책은 인스타그램의 바이블이라고 할 수 있다. 단순한 놀잇거리의 하나밖에 될 수 있었던 인스타그램에 생명력을 불어넣어 주며 심지어 쉽고 친절하기까지 하다. 이 책을 통해 인스타그램을 완벽히 익혀서 이미지와 텍스트로 사람들의 마음을 사로잡아 보길 바란다.

임문수, 한국외국어 대학교 겸임교수 《사람의 마음을 읽는 시간 0.2초》 저자

이 책을 읽을지 말지 고민하는 것은 시간을 낭비하는 것이다. 현존하는 인스타그램 마케팅 책 중 가장 많은 노하우가 담겨 있기 때문이다. 출간일 현재 대한민국에는 인스타그램 마케팅 책이 3권 출간되었다. 이 책이 나옴으로써 이제 4권이다. 그중 2권을 집필하였으며 대한민국에서 처음으로 인스타그램 책을 낸 저자이기도 하다. 더 이상 무슨 말이 필요하겠는가?

정용모, 팜스B&B 대표

대한민국에는 수많은 마케터들이 있지만 인간을 진정으로 이해하는 마케터는 많지 않다. 내가 아는 저자는 휴머니즘을 바탕으로 가장 멋지게 증명해 보이는 강사이다. 이 책 인스타그램 활용편은 많은 이들에게 직접적인 성과를 안겨줄 것이라 확신한다.

조찬우, 노리터컴퍼니 대표

이름 모를 네티즌이 찍어 올린 사진 한 장이 많은 비용을 들인 광고보다 더 큰 영향을 미치는 시대다. 이젠 기업이나 브랜드도 발 빠른 효과를 위해 고민한다. 특히 뷰티 업계는 더 치열한 경쟁을 할 수밖에 없다. 이 책은 뷰티 업계는 물론이고 다른 산업에도 필요한 홍보를 고효율로 진행할 수 있는 내용으로 가득하다.

최정숙, 메리케이 내셔널디렉터

#해시태그로 성공을 링크하는 인스타그램의 모든 것

실전 인스타그램 마케팅

1판 1쇄 펴낸날 2017년 4월 14일
1판 9쇄 펴낸날 2022년 5월 30일

지은이 정진수
펴낸이 나성원
펴낸곳 나비의활주로

기획편집 유지은
표지디자인 design BIGWAVE

주소 서울시 성북구 아리랑로19길 86, 203-505
전화 070-7643-7272
팩스 02-6499-0595
전자우편 butterflyrun@naver.com
출판등록 제2010-000138호

ISBN 979-11-88230-00-6   03320

#해시태그로 성공을 링크하는 인스타그램의 모든 것

실전
#인스타그램
마케팅

정진수 지음

나비의 활주로

대한민국 최초
인스타그램 최강 활용편

　나의 첫 책《인스타그램으로 SNS 마케팅을 선점하라》가 세상에 나온 지 일 년이 다 되어간다. 그 사이 나를 포함한 세상의 많은 것들이 인스타그램을 통해서 변했다. 일상에서 자주 접하는 인스타그램이라는 채널의 무한 가능성, 특히 마케팅 분야에서 그 굉장한 가능성은 이미 많은 사람들에게 인정받고 있으며, 이는 두 번째 책을 쓸 수 있는 원동력이 되었다.

　그 덕분에 세상에 처음 내보였던《인스타그램으로 SNS 마케팅을 선점하라》는 요즘처럼 어려운 시기에 뜨거운 감자로 떠올랐다고 해도 과언이 아닐 만큼 많은 독자들에게 관심과 사랑을 받았다. 그 당시도, 지금도 '대한민국 최초의 인스타그램 책'임이 분명하다.

　첫 번째 책을 통해서 사람들에게 인스타그램이란 무엇이며 왜 시작해야 하는지에 대해 이야기했다. 출간 후 돌아보니 현재 인스타그램을 운영 중이거나 고급 노하우를 원하는 사람들에게 는 활용 면에서 조금 부족한 부분이 있었던 게 사실이다. 또한, 시작하려는 초보 사용자들에게 맞추다 보니 고급 스킬이나 응용하는 방법 등은 많이 담을 수가 없었다.

그래서 대한민국 최초 인스타그램 서적 저자라는 사명감을 가지고 강의와 컨설팅을 진행하면서 실제 현장에서의 활용을 담은 책, 인스타그램을 시작한 사람들이 마케팅 측면에서 진짜로 어떻게 활용하는지를 다룬 책이 필요하다는 것을 몸소 느낄 수 있었다. 결국, 현장에서 뛰어다니며 들었던 요구와 활용 방법 등을 담은 '인스타그램 활용편'을 집필하기로 결심하였다.

이 책은 인스타그램의 시작부터 각 기능과 활용, 그 외 모든 기능을 담는 실용서로, 앞서 책에서 다루지 못했던 노하우와 실전 사례가 담겨 있다. 인스타그램의 필요성과 시작해 보겠다는 결심이 선 이들에게 결심을 행동으로 옮겨줄 진정한 의미의 지침서가 되어 줄 것이다. 그렇기에 인스타그램의 A에서 Z까지 일련의 과정을 집중적으로 알려주며, 그 부분에 대해 아주 상세

하게 다루었다. 모바일 애플리케이션의 특성처럼 짧은 시간이
지만 새로운 기능이 많이 업데이트된 인스타그램을 본격적으로
해부하며, 어렵지 않은 듯 하나 까다로운 기능을 어떻게 마케팅
적으로 사용할 것인지에 대한 고민의 해답이 되고자 하였다.

　이 책을 차근차근 따라 하다 보면 어느덧 인스타그램의 고수
가 되어 있을 것이다. 무엇보다 인스타그램을 사용하는 목적이
라 할 수 있는 '인스타그램의 마케팅적 활용 방법'은 그동안의
목마름을 해결하기에 충분할 것이다. 인스타그램의 인기가 날
로 상승하고 있는 지금, 왜 인스타그램을 사용해야 하는지, 인
스타그램을 어떻게 사용해야 하는지를 이전의 책과 이 책으로
기본부터 심화된 모든 것을 확실하게 책임지겠노라 감히 장담
한다.

　당신이 자는 동안에도, 무엇을 하는 그 순간에도 모바일 세계
는 24시간 늘 온에어On-Air이며 온라인On-Line이다. 날로 어려워지
고, 복잡해지는 마케팅 환경 속에서 여전히 선점할 기회를 가진
인스타그램이 당신의 사업 발전과 홍보 그리고 모든 마케팅 활
동에 도움이 되기를 진심으로 바란다. 그 시작에 이 책이 마중

물이 될 것을 확신한다.

　이 책은 나만의 순수한 창작물이라 할 수는 없다. 이미 나와 있는 다양한 마케팅 책과 지식이 그 바탕에 있음을 고백한다. 더불어 이 책이 나올 수 있도록 믿어주고, 도움을 주신 모든 분들과 열심히 자료나 새로운 기능을 찾아서 알려준 아내 최수지에게 고마운 마음을 전한다.

정진수

PART

1 SNS 마케팅의 핫스폿, 인스타그램

PART

2 누구나 쉽게 따라하는 실전 인스타그램

PART

3

실전 인스타그램
레벨 업

PART

4

성공이 또 다른 성공을 부르는 인스타그램 마케팅 사례 분석

미지의 세계, 인스타그램 마케팅은 두려움을 극복한 용기의 결과물

당신은 지금 당장
인스타그램을 해야 한다

평소 인스타그램에 궁금증을 가지고 있고 잘하고 싶어 하는 이들에게 강의하기는 어렵지가 않았다. SNS라는 특성상 정답이란 것이 없을 뿐만 아니라 필자가 그동안 연구했던 노하우를 필요로 하는 사람들에게 모두 전달하기만 하면 되었다. 하지만 인스타그램을 해야 하는 이유와 소셜미디어 자체를 꺼리는 사람에게 인스타그램의 필요성을 설명하는 것은 생각처럼 쉽지 않았다. 사실 왜 우리가 SNS를 해야 하는지는 중요하지도 않고, 또한 그것의 옳고 그름을 정의하는 것은 사실 큰 의미가 없다. 그냥 시대가 그렇게 변했으니 거기에 적응하는 것이 먼저이기 때문이다.

❖ 강남의 한 메이크업 매장 간판

지난 책에서도 강조했듯 SNS 마케팅은 대기업이든 시장의 작은 분식점이든 누구에게나 '거의 동등한 가능성'이라는 기회를 주고 있다. 인스타그램은 그걸 가능하게 해주는 비장의 무기이다. 인스타그램을 잘만 활용하면 어느 날 갑자기 전 세계적인 유명인사가 될 수 있고, 작은 분식집이 내로라하는 대기업 브랜드와 경쟁할 수도 있으며 해외 언론에서도 관심을 가질 유명한 명소가 될 수도 있다.

이런 가능성에도 불구하고 하고 싶지 않다고 한다면 어쩔 수 없는 일이다. 다만 이 책의 핵심가치가 인스타그램 등의 SNS를 잘 활용하는 것이 목표이기 때문에 거기에 중점을 두었다. 시작에 앞서 정말 현실에서 일어날 수 있는 예를 들어 보겠다.

수지는 오랜만에 절친한 고등학교 친구를 신사동 가로수 길에서 만나기로 했다. 그런데 교통체증이 극심해 친구가 30분 정도 늦는다고 한다. 친구를 기다리는 30분 동안 수지는 다음과 같은 일을 할 수 있다.

1. 늦는 친구와 전화 통화를 하며 기다린다.
2. 주변 쇼핑몰에 들어가서 구경한다.
3. 인스타그램 등의 SNS에 업데이트된 뉴스피드를 확인한다.

당신이라면 어떤 선택을 하겠는가?

수지는 3번 인스타그램 하기를 선택했다. 그래서 수지는 인스타그램의 사진을 업로드하고 친구들의 뉴스피드를 본다.

수지 : 친구를 기다리며 #가로수길 # 신사동 #배고프다

친구1 : 기분 좋다~ #올리브○ #세일 #득템

친구2 : 남편이랑 #시어머니 #생신 #선물 #쇼핑

친구3의 댓글 : 수지야, 가로수길 일식집 ○○ 짱 맛있어! 한번 가봐 추천~

친구4 : 너무 감동적인 영화다!! 눈물 펑펑ㅜㅜ #주말 #데이트 #영화

수지는 휴대폰으로 친구들의 근황을 확인하고 친구가 오려면 20분 정도 남았기에 친구1의 뉴스피드에서 얻은 세일 정보로 근처 올리브○에 들려 필요했던 화장품 하나를 세일 가격에

산다. 그리고 친구2의 뉴스피드를 보고 다음 주가 엄마 생신이라는 것이 떠올라 선물도 함께 구매한다. 친구3이 추천한 일식집 ○○에서 친구와의 저녁을 먹기로 정하고 음식점 위치와 메뉴를 찾아본다. 저녁을 먹고 친구4가 감동적인 영화라고 추천한 것을 보기 위해 예매한다.

이 글을 읽고 어떤 생각이 드는가? 너무 과하다고 여길 수도 있지만 충분히 우리 일상에서 일어날 수도 있는 일이다. 이런 상황 속에서 이제는 소셜미디어를 하느니 안하느니, 고민하는 것은 더는 의미가 없다. 인스타그램 마케팅은 선택이 아닌 필수이기 때문이다.

트렌드 따라 변화무쌍한
소셜미디어 세상

1인 가구 증가, 혼밥, 혼술 단어의 등장

2015년 기준, 우리나라 1인 가구의 수는 506만1000 가구로 이는 우리나라 인구의 4분의 1 이상이나 되는 비율이다. 게다가 시간이 지날수록 1인 가구의 비중은 커지고 있다. 1인 가구의 증가에 대해서는 워낙 많은 뉴스와 신문 등의 미디어를 통해 소개되고 있어 대부분이 잘 알고 있을 것이다. 이러한 1인 가구의 증가세는 독신주의, 저출산, 고령화 현상 등을 이유로 들 수 있다. 점점 치열해지는 취업난과 갈수록 늦어지는 결혼적령기, 결혼에 대한 인식의 변화, 육아에 대한 부담감에 따른 저출산율, 높아지는 이혼율 등이 1인 가구의 증가에 한몫을 하고 있다.

이러한 사회적 현상은 혼밥, 혼술, 솔로 이코노믹스, 싱글 슈머 등의 신조어까지 만들어내면서 혼자 놀기의 문화를 보여주는 새로운 풍토를 만들어낸다. 그와 더불어 '배달의 민족' 등과 같은 배달 애플리케이션들의 약진이 두드러졌고, 편의점 도시락 시장 역시 2015년 대비 약 3배 정도의 증가세를 보였다.

그럼 소셜미디어는 어떻게 변화하고 있을까? 필자가 식당을 가거나 또는 혼밥할 때의 패턴을 눈여겨보니, 그들은 천천히 혼자 밥을 먹으면서 대부분 스마트폰을 보고 있었다. 게임을 하거나 유튜브 동영상을 보거나 혹은 SNS 활동을 하였다.

그들은 혼자 밥 먹는 것을 쑥스러워하지 않으며, SNS에 혼자 먹은 음식 사진을 올리거나 정보를 공유하는 등 적극적으로 소셜 활동을 하고 있었다.

❖ TVN에서 방영한 혼술 라이프를 그린 드라마 〈혼술남녀〉 포스터

페이스북 라이브 방송, 1인 미디어 전성시대, BJ 약진

　한국언론진흥재단이 발표한 '2016년 10대 청소년 미디어 이용조사' 결과에 따르면 우리나라 청소년의 1인 방송 이용률이 26.7%로, 4명 중 1명은 1인 방송을 시청하는 것으로 나타났다. 라디오나 신문 등의 미디어보다 훨씬 높은 이용률이 나왔다는 점에 주목해야 한다.

　과거 미디어 소비자들은 대형 미디어들이 제공하는 콘텐츠를 그저 즐기는 입장이었지만 이제는 누구라도 콘텐츠를 직접 제작하고 이를 다른 시청자들에게 전달하고 있다. 이런 흐름에서 가장 큰 역할을 하는 것은 역시 소셜미디어이다. 수 천에서 많게는 몇 억 원의 비용을 쏟아붓는 TV 광고 등은 이제 더는 대중의 마음을 쉽게 자극하지 못하고 있다. 이젠 우리가 뉴스나 신문 등의 미디어를 찾아보는 것이 아니라 뉴스나 신문 등이 우리를 찾아오는 시대를 살고 있기 때문이다.

　2017년 3월 현재, 소셜미디어에서 뜨거운 이슈 중 하나는 '페이스북 라이브 방송'이다. 누구나 본인의 휴대폰을 활용해 방송할 수 있고 라이브로 소통할 수 있으며 사람들과 더욱 친밀하게 정보를 주고받거나 대화할 수 있다. 본인의 일상이나 풍경 등을 손쉽게 실시간 중계할 수 있으니 특별한 콘텐츠 없이도 실시간 공유가 가능하다는 장점을 가진다.

　우리는 이미 실시간 정보가 매우 중요한 정보화 시대에 살고

있다. 짧은 시간 내에 이슈가 되면 네이버와 같은 포털 사이트에서 실시간 검색어에 뜨기도 하고, 잠시 잠깐의 도로상황도 내비게이션 애플리케이션 등을 통해 전달받으며 실시간 시청률, 실시간 예매율 등이 성공의 지표가 되기도 한다.

이러한 변화 속에서 페이스북의 자회사인 인스타그램 또한 2017년 1월, 라이브 방송이 출시되었다. 편집이 없기 때문에 진정성이 느껴지는 것이 라이브 비디오의 최대 장점이다. 이 라이브 방송으로 또 한 번 도약할 인스타그램의 무한한 가능성에 대해서 필자 또한 기대가 된다. 인스타그램 라이브 방송을 활용하여 고객들과 소통하는 계기로 삼길 바란다.

인플루언서 마케팅 - 블로그 체험단에서 인스타그램 체험단으로의 변화

최근 화두로 떠오르고 있는 소셜 인플루언서Social Influencer를 활용한 홍보 마케팅에 대해 들어본 적이 있는가? 인플루언서란 블로그, 유튜브, 페이스북, 트위터, 인스타그램, 아프리카TV 등 여러 소셜 플랫폼에서 활동하고, 많은 구독자 혹은 팔로워를 보유하고 있으며, 그들에게 영향력을 미치는 사람들을 의미한다. 이들이 제품이나 서비스를 소개하면 사람들은 광고라고 인식하기보다 친구가 소개해주는 후기나 리뷰라는 느낌을 받기에 많은 브랜드가 인플루언서 마케팅에 주목하고 있다.

소비자들은 인플루언서가 실제로 제품을 사용하고, 솔직한 후기를 공유하는 모습을 보면서 구매를 결심한다. 또한, 인플루언서를 통한 홍보는 댓글이나 메시지를 주고받는 행위 등을 통해서 소비자와 신뢰 관계를 구축하기에 일반적인 광고보다 광고 효과가 큰 것이 사실이다.

인플루언서가 직접 제품이나 브랜드에 대한 콘텐츠를 직접 제작하기에 조금 더 신선하고, 광고 같은 느낌이 덜한 콘텐츠를 만들 수 있다. 사용하는 언어나 말투 등에 대해서도 제약이 적기에 친근하게 소비자에게 다가갈 수 있다.

과거에는 브랜드가 제공하는 정보에 대한 의존도가 높았다면, 지금의 소비자들은 구매 결정을 할 때 많은 부분을 소셜미디어에 의지하고 있다. 인플루언서를 대부분 파워블로거에 의지했다면, 이제는 인스타그램에서도 영향력 있는 인플루언서를 많이 선호한다. 직접 인스타그램 계정을 키우는 것도 중요하지만, 인플루언서를 활용해서 인스타그램 마케팅을 해보는 것은 어떨까?

instagrammarketing

| 누구나 인정하는 SNS 대세, 인스타그램 |

| SNS계 혜성같은 존재 #해시태그 |

| • 읽을거리 • 대한민국, 포켓몬고 열풍으로 들썩! |

PART 1

SNS
마케팅의 핫스폿,
인스타그램

INSTAGRAM MARKETING

누구나 인정하는 SNS 대세,
인스타그램

요즘 사람들은 어디에서나 당연하다는 듯 스마트폰을 쥐고 다닌다. 특히나 바쁜 아침 시간에 지하철을 타고 문득 고개를 들었을 때, 스마트폰으로 무언가를 열심히 하는 이들이 거의 대다수이다. 도대체 무얼 저렇게 열심히 하고 있는지 궁금해서 슬쩍 옆자리로 옮겨 곁눈질하게 된다.

2000년 초반만 해도 세계 최고의 인터넷 보급률을 자랑하였는데 이제는 인터넷이 아닌 스마트폰 보급률 세계 1위가 되었다. 스마트폰의 보급은 모바일 시대로의 서막을 열게 되었고, 블로그라는 매체에서 트위터, 페이스북, 밴드, 카카오스토리, 인스타그램 등의 SNS 사용 인구가 늘었다. 그중에서 특히 눈여겨

볼 것이 이 책에서 다룰 인스타그램이다. 잠시도 손에서 스마트폰을 놓지 않는 모바일 시대를 살아가는 세대에게 인스타그램은 그들의 구미에 안성맞춤이라 하겠다.

심지어 '인스타그램으로 승무원을 채용한다'는 항공사도 있었다. 얼핏 인스타그램으로 어떻게 승무원을 채용한다는 것인지 잘 매치되지 않지만, 제주항공에서 2016년 하반기 채용 직원의 20%를 인스타그램을 보고 선발한다고 했다. 일명 '제주 캐스팅'이라고 불리며, 블라인드 전형으로 인스타그램을 통해 지원할 수 있으며, 지원자는 인스타그램으로 촬영한 1분짜리 동영상을 제주항공 인스타그램 계정으로 보내는 독특한 형태였다.

이 생각을 고안한 제주항공 관계자는 기존의 스펙과 자기소개서로 드러나지 않는 지원자의 재주, 능력, 열정을 세밀하게 파악하기 위한 것이라고 설명했다. 꾸며지거나 정리된 모습이 아닌 지원자의 평소 모습이나 서류에서는 발견하기 힘든 지원자의 잠재 능력을 평가해 직원을 채용하겠다는 회사의 아이디어가 빛난다. 이렇듯 SNS는 일상의 모든 부분에서 필요로 하며 인스타그램에 대한 사회 인식의 변화를 엿볼 수 있다.

다들 이미 알고 있겠지만, 인스타그램은 간단한 애플리캐이션을 설치하여 사용할 수 있다. 복잡하지 않은 사용법과 언제 어디서든 쉽게 찍을 수 있는 사진 기능은 이미지를 중시하는 요즘 시대에 단문의 메시지와 함께 자신을 표현할 수 있어 더없이 좋은 도구가 되어준다.

❖ 제주에어 인스타그램 @jejuair_official

　가끔 얘기하지만 '지금은 헤밍웨이의 텍스트보다 이름 모를 네티즌이 찍어 올린 사진 한 장이 더 큰 반향을 일으키는 시대' 이다. 그러니 그것을 옳으니 그르니 하는 것은 큰 의미가 없다. 그냥 시대가 그렇게 변했으니 거기에 적응하는 것이 우선이다. 시대가 이미지를 요구하고 있으니 이제 온라인을 비즈니스나 마케팅적인 목적으로 사용하기 위해서 가장 중요하게 생각해야 하는 것 중 하나는 인스타그램이 될 수밖에 없다. 기출간된 저서에서 이미 밝힌 바와 같이, 인스타그램의 장점에 대해 먼저 간단히 설명해보겠다.

1. 스마트폰과 사진의 완벽한 조화, 그리고 간편함

'세상의 순간들을 포착하고 공유한다'라는 모토를 가진 인스타그램은 정사각형 이미지와 다양한 필터 효과 등으로 다른 SNS보다 모바일에 최적화되어 이미지로 메시지를 전달하기에 가장 강력한 도구이다. 예쁜 사진만으로 나를 팔로잉하거나 내가 팔로워한 사람들과 소통하기에 간편하여 누구라도 쉽게 사용이 가능하다.

2. 같은 관심을 가진 모든 사람들을 묶을 수 있는 해시태그

원하는 단어를 검색해서 내가 보고자 하는 사진, 동영상 등을 한 번에 모두 볼 수 있다. 이러한 기능은 바꾸어 생각하면 관심사가 비슷한 사람들을 하나의 해시태그로 묶어 주기에 더없이 좋은 마케팅 도구가 된다.

❖ #해시태그의 주 이용 시기

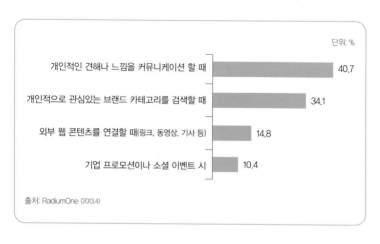

단위: %

개인적인 견해나 느낌을 커뮤니케이션 할 때	40.7
개인적으로 관심있는 브랜드 카테고리를 검색할 때	34.1
외부 웹 콘텐츠를 연결할 때(링크, 동영상, 기사 등)	14.8
기업 프로모션이나 소셜 이벤트 시	10.4

출처: RadiumOne (2013.4)

3. 다양한 셀레브리티들의 일상 공유 가능

수많은 스타와 셀레브리티들의 인스타그램을 통해 내가 좋아하는 스타나 사람들, 기업 등의 소식을 간편하게 받아 볼 수 있고 그것을 통해 정보를 제공받고 구매까지 연결된다.

그렇다면 인스타그램이 온라인 마케팅의 수단으로 주목받는 이유는 무엇일까? 요즘처럼 복잡한 시대에는 글보다는 잘 찍은 사진 한 장, 이미지 하나가 더 감성을 터치할 수 있으며, 해시태그를 통해 고객의 니즈를 알 수 있다. 이러한 이유로 새로운 환경이 조성되거나 변화하기 전까지 모바일에서 사람들이 많이 이용하고 있는 인스타그램은 마케팅 채널로 건재할 것이다.

SNS계 혜성같은 존재
#해시태그

다들 알다시피 인스타그램은 그 인기나 가능성에 비해 브랜드나 마케터들의 진출이 덜해 아직 이렇다 할 결과가 없는 것도 사실이다. 그래서 확정된 또는 완전한 인스타그램 마케팅의 표준은 없지만, 다양한 시도와 실험이 계속되면서 '선점'할 수 있다는 여지가 있다. 그동안 대표적인 마케팅 채널이었던 네이버 블로그의 경우, 이미 매우 효과적인 마케팅 채널이라는 사실은 검증받았다. 그동안 효과를 경험한 기업이나 브랜드, 필자를 포함한 발 빠른 개인이 선점하기도 하면서 실제로 마케팅적 가능성을 확신하게 되었다.

하지만 요즘은 예전만큼 효과적인 정보를 제공하거나 도움이 되지 못하고 있는 것이 사실이다. 검색 키워드를 선점한 블로거나 검색 상위를 차지하고 있는 대행사들 사이로 진입한다는 것은 사실상 불가능에 가까운 일이다. 게다가 너무도 빨리 효과를 입증하고 변해버리는 마케팅 방법의 변화도 한 몫을 차지한다. 그래서 '네이버 블로그=광고'라는 인식 때문에 더욱 경쟁은 치열해지고 방법은 영악해지고 있다.

반면 인스타그램은 '#해시태그'라는 강력한 도구 덕분에 다른 채널들에 비해 사람들의 숨겨진 속내를 좀 더 빨리 알아낼 수 있고, 네이버 검색을 통해 광고에 지친 사람들이 인스타그램을 통해 공유되고 있는 글이나 이미지를 통해 신뢰를 구축해 가고 있다. 이는 인스타그램으로 유입되고 있다는 이유 중 하나라고 해도 과언이 아니다. 모바일 환경에서 시작된 인스타그램이 요즘의 고객들처럼 빠르고 역동적으로 움직이며, 스마트폰 하나면 충분히 검색하고 공유할 수 있기에 바이럴 효과가 필요한 업종에는 더할 나위 없이 좋은 마케팅 채널이 된다.

인스타그램을 이용한 마케팅 사례 중에서 빙그레 바나나맛 우유의 #채워바나나 이벤트는 큰 비용이 들지 않았지만, 신선한 아이디어로 많은 사람들의 폭발적인 관심과 호응을 얻어낸 성공적인 해시태그 마케팅으로 꼽을 수 있다. SNS 세대의 가장 인기 요인이 될 수 있는 즉흥 대응력과 해시태그가 어떻게 융화되어 광고 효과를 나타내는지를 여실히 보여준 사례이다.

간단히 이벤트를 소개하자면 다음과 같다. 바나나맛 우유에서 자음을 뺀 'ㅏㅏㅏ 맛 우유'로 상품을 출시하고 소비자들에게 자음을 채워 #채워바나나 해시태그를 달게 하는 이벤트로 많은 사람들의 적극적인 참여가 이루어졌다. 바나나맛 우유가 24년이나 된 상품이다 보니 브랜드의 노후화를 막고 젊은 세대로 소통하기 위해 기획했다는 관계자의 이야기를 통해 인스타그램 마케팅이 얼마나 중요하게 자리 잡았는지를 알 수 있다.

제품 이름을 없애고 이야깃거리를 만드는 마케팅은 바나나맛 우유 이외에도 여러 사례가 있다. 코카콜라 병에 코카콜라 대신 사람 이름이나 사랑해, 고마워 등의 문구를 인쇄하거나 초코바

❖ 인스타그램 마케팅을 위한 해시태그 사용 #채워바나나와 #코카콜라세상

스니커즈 제품명 대신 짜증 나 등의 문구를 삽입한 사례가 있다. 하지만 바나나맛 사례의 성공은 인스타그램과 함께 진행하면서 더욱 특별하고 획기적인 마케팅이 되었다.

그리고 또 한 가지 눈여겨볼 마케팅으로 인스타그램 모양의

❖ 인스타그램 패널을 이용한 인증샷 마케팅

패널을 가지고 인증샷을 찍는 마케팅도 자주 보인다. 인스타그램 패널을 이용한 마케팅은 다양한 분야에서 사용할 수 있으며, 누구라도 재미있게 접근하기에 많은 관심과 호응을 유도하고 있다.

이미지 시대인 지금, 인스타그램은 최강의 마케팅 도구이다. 앞서 밝혔듯이 사진 한 장은 당신이 생각하는 그 이상의 힘을 발휘하기도 한다. 물론 비주얼이 중요해진 요즘의 시기에 사진에 기반을 둔 인스타그램을 잘만 이용하면 그 주목성과 독창적인 콘텐츠 생산으로 충분히 이슈를 끌 만하다.

❖ 이케아에서 진행한 디지털 캠페인

게다가 해시태그라는 강력한 도구로 손쉬운 입소문 마케팅이 가능해지며, 국내뿐만 아니라 전 세계로 전파될 수 있다는 가능성을 가진다. 급속도로 퍼지는 파급력과 팔로워들에게 직접적으로 전해지는 전달력만으로도 인스타그램을 당장 사용할 이유가 된다. 더불어 인스타그램 마케팅은 단시간에 큰 효과를 볼 수 있어 많은 사람들과 기업들이 이용하고 있다.

스웨덴의 다국적 가구 회사 이케아 역시 오프라인 매장과 카탈로그 중심의 마케팅에서 인스타그램 등의 SNS 마케팅을 펼치고 있다. 이케아 카탈로그를 보고 마음에 드는 제품의 사진과 특정태그, 제품명을 인스타그램에 올려서 공유하면 당첨자에게 촬영했던 제품을 준다는 디지털 캠페인을 진행했었는데, 그 반응이 엄청나게 뜨거웠다고 한다.

스타벅스코리아는 마케팅을 잘하기로 유명하다. 스타벅스는

❖ 스타벅스코리아에서 진행한 #Whereintheworld 캠페인

이미 세계적인 기업으로 자리 잡았고 세계 어디서나 통용되는 브랜드이기도 하다. 하지만 특이하게도 스타벅스는 그 지역의 특징이나 문화를 흡수하여 로컬 커피숍의 이미지를 유지하려고 노력하고 있다. 대규모로 운영되는 방식을 선택하기보다는 소박하고 친근한 방식을 채택하고 자연과 환경에도 많은 노력을 기울이는 기업이자 브랜드 이미지를 유지하고자 한다.

특히 #Whereintheworld 캠페인은 이러한 스타벅스의 노력과 딱 맞아 떨어지는 캠페인이라고 할 수 있다. 독특해 보이는 스타벅스 지점의 사진을 찍어 올리고 소비자들에게 그 지점이 어디인지를 추측하게 하는 아주 단순한 형태이다. 단순하지만 똑같은 체인점이 아닌 특별한 스타벅스도 존재한다는 사실을 증명하며 자연스럽게 소비자들의 참여를 이끌어내고 긍정적인 관계를 형성한다.

시즌별로 진행하는 신제품 시음뿐만 아니라 컵이나 텀블러 등과 같은 다양한 상품 등으로 스타벅스 굿즈^{Goods}를

❖ 스타벅스코리아에서 진행한 참여형 이벤트 광고

❖ 스타벅스코리아 인스타그램 @starbuckskorea

수집하는 마니아까지 생겨날 정도다. 스타벅스가 운영하는 인스타그램도 마케팅의 좋은 사례라고 할 수 있는데, 특히 스타벅스는 참여형 이벤트를 주로 진행한다.

예를 들어 시즌 신제품 음료나 프로모션 음료와 함께 찍은 인증샷과 해시태그를 올리면, 추첨을 통해 스타벅스 기프트 카드 등을 증정한다. 할 때마다 1~2,000개의 게시물과 해시태그로 메뉴에 대한 홍보가 자연스럽게 소비자에게 알려지는 것이다.

인스타그램에서 #스타벅스레드컵이라는 해시태그를 검색해 보면, 다양한 레드컵 사진들을 확인할 수 있다. 이처럼 스타벅

❖ #스타벅스레드컵 해시태그를 이용한 마케팅

스는 다양한 해시태그를 통해 스타벅스만의 공간과 문화를 만든 성공사례라고 할 수 있다.

그 외에도 세계적인 의류 브랜드인 포에버Forever21은 인스타그램에서 제공하는 비디오 기능을 활용한 마케팅을 펼쳐 눈길을 끌었다. 장학금 10,000달러의 상금을 걸고 진행한 이벤트다. BACK-TO-SCHOOL 영상 캠페인은 새 학기 시작과 함께 이미지도 변신해보고 새로운 스타일을 시도하는 것에 아이디어를 얻어서 진행하였다. 참여자의 베스트 댄스 영상을 촬영하고 #F21StatementPiece라는 해시태그와 함께 업로드하는 방식으

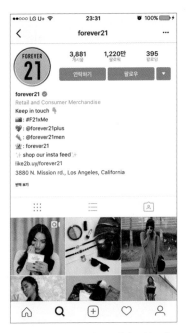

❖ 세계적인 의류 브랜드 포에버21 인스타그램 @forever21

로 진행되었다. 브랜드 홍보뿐만 아니라 브랜드 이미지에 긍정적인 영향을 주었다.

이처럼 인스타그램 마케팅을 통한 다각적인 이벤트와 소통은 자연스러운 홍보로 이어지면서 기업 이미지 향상과 직접적인 광고 효과를 얻을 수 있다.

대한민국, 포켓몬고
열풍으로 들썩!

  2016년 여름, 속초는 가장 뜨거운 관광지로 부상했다. 다름 아닌 포켓몬고 때문이었다. 이를 입증하듯 속초로 가는 버스표는 불티나게 매진되었다. 이에 따라 '포켓몬고 관광 상품'이 출시되었고, 속초시에서도 적극적으로 홍보를 지지하며 포켓몬고가 뜨겁게 한반도를 강타했다. 2017년 1월 24일, 우리나라에 정식 상륙한 포켓몬고는 한국 상륙 10여 일 만에 사용자는 700만 명에 육박하며 그 인기를 입증했다. 그 인기는 인스타그램에서도 확인할 수 있다.

  해시태그에 #포켓몬고 268,883건, #포켓몬 174,682건의 해시태그가 있다 2017년 2월 8일 기준. 비교하기 위에 최근 많은 광고를 진행하며 '핫Hot하다'는 모바일 게임 리니지와 #12,191건과 비교해보면 포켓몬고의 열풍이 얼마나 뜨거운 지 느낄 수 있다.

❖ 포세권을 소개한 지도

  포켓몬고 게임은 스마트폰을 켜놓고 지도를 보며 장소를 찾아가 포켓몬을 잡는 것이다. 포켓스탑을 지나가서 아이템을 받아야 하는데 이걸 활용한 마케팅이 많이 이루어지고 있다. 커피빈의 경우 포켓몬 출현장소가 밀집한 홍대와 보라매공원 일대의 매장 평균 매출이 포켓몬고 출시 전 대비 최고 44.1% 상승했다고 한다.

신규어 중에는 역세권이라는 말을 바꾸어 '포세권^{포켓몬 스탑이 잡히는 공간}'이라는 단어까지 나왔다. 이런 트렌드를 반영하여 '포켓몬고 열정도 마을'이라는 콘셉트로 홍보하고 있는 곳까지 나오고 있다.

포켓몬고 열풍은 다양한 업종에서 나타났다. 화장품 브랜드 토니모리는 '포켓몬 에디션'은 출시 당시 포켓몬을 활용한 용기 디자인이 화제가 되며 출시 한 달 만에 누적 판매량이 약 50만 개를 돌파하였다. 이랜드그룹 SPA브랜드 스파오도 포켓몬 컬래보레이션 상품기

❖ 토니모리 포켓몬 에디션

획전을 진행하는 등 포켓몬고의 열풍에 다른 업종의 브랜드들도
발맞추어 마케팅 활동을 하고 있다.

또한, 편의점 업체 세븐일레븐은 포켓몬고 인기에 스마트폰 배
터리 소모가 많은 점에 착안해 급속 충전 서비스를 시작했다. 집객
효과를 노린 것인데, 실제 포켓몬 출몰 인기 지역 편의점 매출도
덩달아 늘고 있는 것으로 나타났다.

점점 과열되는 시장 경쟁 상황 속에서 개인 자영업자이든, 중소
기업이든, 대기업이든 빠르게 트렌드를 읽는 것은 정말 중요하다.
트렌드의 관심도와 그에 따른 발 빠른 대응에 브랜드나 매장의 매
출은 확실히 달라지고 있다. 트렌드에 따른 마케팅이나 프로모션
을 고민하고, 그 고민에 대한 결과를 인스타그램과 같은 SNS 채널
을 활용하여 널리 홍보하길 바란다.

i·n·s·t·a·g·r·a·m·m·a·r·k·e·t·i·n·g

PART 2

누구나
쉽게 따라하는
실전 인스타그램

INSTAGRAM MARKETING

똑똑, 안녕? 인스타그램!
인스타그램 가입하기

인스타그램을 이용하려면 인스타그램 애플리케이션을 다운로드 받은 후 계정을 만들면 된다. 계정을 만드는 방법은 자신이 사용하는 스마트폰의 운영체제에 따라서 약간의 차이가 있다. 아이폰을 사용할 때는 앱 스토어^{App Store}에 접속, 인스타그램으로 검색하면 폴라로이드 카메라 모양의 인스타그램 아이콘이 눈에 띌 것이다. 그것을 클릭하면 가입 절차가 시작된다.

안드로이드 스마트폰의 경우에는 구글 플레이^{Google Play} 스토어에서 인스타그램을 찾아 다운받으면 된다. 윈도우폰인 경우에는 윈도우폰^{Windows Phone} 8 이상의 버전에서만 다운로드할 수 있다. 계정을 만들고 가입이 완료되면 PC에서도 인스타그램을 이

❖ 앱 스토어

❖ PC 사용 그림

용하는 것이 가능하다.

다운로드한 인스타그램 애플리케이션이 설치 완료되면 인스타그램 아이콘을 열고 가입하기를 터치한다. 가입은 페이스북 회원정보로 하거나 자신이 사용하는 이메일 주소를 입력하는 두 가지 방법이 있다.

페이스북 계정을 통한 가입 방법은 페이스북이 인스타그램을 인수하고 추가된 것인데, 페이스북 회원이라면 간단히 페이스북으로 로그인을 터치하고 자신의 페이스북 계정으로 하면 가입절차가 완료된다. 단, 현재 페이스북 계정에 로그인 상태가 아닐 경우에는 로그인하라는 메시지가 표시되기 때문에 페이스북에 로그인한 상태로 인스타그램 계정을 만드는 것이 더 편리하다.

둘째, 이메일 주소를 입력하고 가입하는 방법이다. 가입하기

❖ 인스타그램이 설치된 화면

를 터치한 다음, 자신이 현재 사용하고 있는 이메일 주소를 입력한다. 그런 후 다음을 터치하면 사용자 이름과 비밀번호, 프로필 정보를 입력하는 페이지가 나온다. 정보를 입력한 후 완료를 누르면 가입절차가 끝난다. 프로필 수정은 나중에라도 가능하므로 '어떤 멋진 문구로 프로필을 쓰지?'라고 고민할 필요는 없다. 간단하게 이름 정도만 적은 후 가입해도 된다.

1. 인스타그램 애플리케이션을 설치하고 터치하면 다음과 같은 화면이 나오는데 가입할 방법을 선택한다. 전화번호로 가입하는 방법을 선택하면 자신의 핸드폰 번호를 입력한 후 인증코

❖ 인스타그램 가입하기 화면

드를 입력한 다음 진행하면 된다. 여기에서는 이메일로 가입하기를 누른다.

2. 가입하고자 하는 이메일을 입력하고 다음을 터치하면 사용자 이름과 비밀번호를 입력하라는 화면이 나온다. 이름과 비밀

❖ 인스타그램 로그인하기 화면

번호를 입력하고 다음을 누른다. 이름은 계정에서 사용할 이름
을 말하는데 일반적으로 한글 성명을 많이 사용한다. 이름의 수
정은 언제든지 가능하다.

3. 사용자 이름은 @instagram처럼 아
이디를 나타내는 부분이다. 자신의 계정
에 해당하기 때문에 중복되지 않고 기
억되기 쉬운 것으로 결정하면 좋다. 사
용자 이름까지 입력한 후 다음을 터치
한다.

4. 화면과 같이 연락처 찾기를 통해 나
와 연결되어 있는 사람들을 검색하고 친
구로 추가할 수 있다. 연락처 검색을 눌

❖ 아이디 만들기

러 나와 전화번호로 연결된 사람들 중에서 인스타그램을 사용

❖ 연락처를 통한 인스타그램 팔로우 맺기

하는 이들을 찾아서 팔로우를 눌러 추가할 수 있다. 건너뛰기를 눌러 페이스북이나 연락처 중에서 선택할 수 있다.

　5. 이렇게 하면 인스타그램에 가입이 완료된다. 애플리케이션을 깔고 이메일을 통한 회원가입이나 페이스북 아이디로 가입해서 인스타그램에 들어왔다면 인스타그램 마케팅을 위한 첫 번째 관문은 통과한 셈이다. 이제 빈 화면의 인스타그램의 프로필 수정을 클릭하여 나의 프로필을 편집할 수 있다. 프로필 사진 부분을 터치하면 원하는 형태의 사진이 삽입할 수 있다. 프로필 수정을 눌러 자신의 소개나 웹사이트의 정보를 입력하여 프로필을 구성할 수 있다.

❖ 프로필 설정하기

　인스타그램에서는 5개까지 계정을 추가할 수 있다. 원래 인스타그램에서 다른 계정을 사용하기 위해서는 로그아웃을 한 후, 다른 계정으로 다시 로그인해야만 하는 번거로움이 있었다.

❖ 인스타그램 로그아웃하기

따라서 기업의 마케터나 개인 계정과 브랜드 계정을 동시에 운영하는 사람들은 여러 계정을 동시에 운영하는데 불편함을 겪을 수밖에 없었다.

하지만 이제는 인스타그램 애플리케이션 안에서 여러 계정으로 접속하는 것이 가능해졌다. 계정 전환기능을 사용하면 로그아웃 없이 다른 인스타그램 계정으로 로그인할 수 있다.

기능을 사용하기 위해서는 프로필 설정 부분에서 '추가'라는 버튼을 터치한 후 계정을 추가로 입력하면 사용할 수 있다. 프로필에 있는 사용자 이름을 누르면 쉽게 다른 계정으로 변경된다. 자신이 현재 사용하고 있는 계정은 화면 오른쪽 밑에 프로

❖ 인스타그램 다른 계정으로 로그인

필 사진을 통해 확인할 수 있다. 계정은 최대 5개까지 사용할 수 있다.

오른쪽 위의 톱니바퀴 모양을 터치해 들어가면 다양한 설명을 할 수 있으며, 프로필 사진뿐만 아니라 비밀번호 변경까지 가능하다. 비공개 계정이나 비즈니스 계정으로의 변환과 계정 추가를 할 수 있다. 비즈니스 계정은 비공개로 설정이 되어 있으면 만들 수 없다.

비즈니스 프로필로 전환을 터치하여 인스타그램 비즈니스 도구가 나타나면 계속을 누른다. 페이스북에 연결하기에서 연결하고자 하는 페이스북 페이지를 선택하고 다음을 누르면 인스타그램 비즈니스 계정으로 전환할 수 있다. 이때 비즈니스 계정은 반드시 페이스북 페이지가 있어야 만들 수 있다.

❖ 비즈니스 계정으로 전환

이것이 인스타그램의 모양새

인스타그램 기본 기능 알아보기

인스타그램의 가입까지 완료하였다면 이제 본격적으로 인스타그램의 기능에 대해 알아보자. 인스타그램은 iOS든 안드로이드든 보이는 모습은 비슷하다. 사용이 쉽고 간단하기 때문에 누구라도 쉽게 따라할 수 있다.

1. 프로필 사진

인스타그램의 얼굴에 해당하는 부

❖ 인스타그램 프로필 화면

분이자 정체성을 표현하는 곳이다. 둥근 원에 원하는 이미지나 그림을 넣어주면 된다. 일반적으로 브랜드의 로고나 상징이 될 만한 것들을 주로 넣는다.

2. 게시물, 팔로워, 팔로잉

게시물 : 지금까지 내가 올린 게시물의 수를 알려준다.

팔로워 : 나를 친구로 추가하거나 이웃으로 맺어 나의 게시물을 구독하고 있는 사람 또는 계정을 나타낸다.

팔로잉 : 내가 추가하거나 이웃을 맺은 사람이나 계정을 나타낸다. 팔로잉해두면 해당 계정의 인스타그램 활동 소식을 받아볼 수 있다.

언팔 : 팔로잉을 끊었다는 의미이다.

맞팔 : 나와 상대방이 서로 팔로잉해주는 것을 말한다.

3. 연락하기

비즈니스 계정에서만 제공하는 기능으로, 내 계정으로 바로 연락이 가능하도록 한다. SNS 보내기와 이메일 보내기 두 가지 방법을 사용할 수 있다.

4. 프로필 수정

인스타그램 프로필을 수정한다.

❖ 프로필 연락하기 기능

❖ 프로필 설정화면

이름 : 인스타그램 화면에서 굵은 글씨로 표시되는 부분으로 검색창에서 검색하면 아이디 밑에 표시된다.

아이디 : 검색창에서 찾고자 하는 아이디를 입력하여 해당 아이디의 인스타그램을 찾을 수 있다.

링크 : 인스타그램은 본문에서는 외부 링크를 연결할 수 없지만, 프로필 부분에서는 링크를 걸 수 있다. 그래서 여기에 브랜드의 대표 홈페이지, 블로그, 페이스북, 카카오톡 상담채널 등을 입력하여 링크로 연결해두면 외부로 연결이 가능하다.

소개 : 굵은 프로필 밑에 인스타그램 또는 인스타그램에서 홍보하고자 하는 브랜드를 설명하는 공간이다. 이모지^{이모티콘}와 함께 사용할 수 있다.

개인정보 : 설정한 이메일 주소, 휴대폰 번호, 성별 등을 표시한다.

5. 타임라인과 게시물 유형

바둑판 모양 게시물 표시 : 내가 올린 게시물을 바둑판 형태로 확인할 수 있기에 한눈에 보기 편하다. 바둑판 모양으로 확인할 때 한 줄에 3개의 게시물을 확인할 수 있다.

리스트 모양 게시물 표시 : 내가 올린 게시물을 리스트 형태로

는 물론이고 위아래로 빠르게 확인할 수
있다.

　회원님이 나온 사진 : 다른 사람이 나를
태그하여 게시물을 올렸을 때 나타난다.

　인사이트 : 내 인스타그램 게시물의 노
출 수, 도달 수, 프로필 조회 수 웹사이트
클릭 수, SMS 클릭 수와 인기 게시물이
나 팔로워에 대한 분석이 가능하다. 비
즈니스 계정에서만 인사이트 기능이 제
공된다.

❖ 인사이트 화면

6. 홈, 검색, 게시물 올리기, 좋아요, 내 프로필

　홈버튼 : 내가 팔로잉하고 있는 친구들
의 게시물을 확인할 수 있다.

　검색 : 사람, 아이디, 해시태그, 장소 등
의 다양한 검색이 가능하다.

　게시물 올리기 : 갤러리나 사진앨범에
서 사진을 선택하거나 촬영한 사진, 동
영상을 인스타그램에 올릴 수 있다. 게
시물은 사진 100장까지 업로드가 가능
하며, 추가 업로드되지 않는다. 일정 시
간이 지난 후에 다시 업로드가 가능해진다.

❖ 인스타그램 홈 화면

좋아요 : 내 인스타그램에 팔로우 및 좋아요, 댓글, 언급하기 한 내용들을 확인할 수 있다.

내 프로필 : 현재 내 인스타그램의 프로필에 관한 사항을 관리할 수 있으며, 내가 올린 사진들을 모아서 볼 수 있다.

메시지 : DM^{다이렉트 메시지}라고 불린다. 관심있는 사람들과 그룹 또는 1:1 쪽지를 주고 받을 수 있다. 홈버튼에서 오른쪽 상단을 누르면 메시지함이 있다. 그곳에서 주고 받았던 쪽지 내용들을 모아서 볼 수 있다.

좋아요 : 터치하여 게시물에 좋아요를 남길 수 있다.

댓글 : 게시물에 대한 댓글을 입력할 수 있다. @를 사용하여 다이렉트 메시지로 전달되기도 한다. 또한, 댓글 하나하나에 좋아요를 클릭할 수 있다.

새롭게 더 좋게!

인스타그램 새로운 기능 알아보기

인스타그램은 2010년 출시 이후 업데이트를 통해 다양한 기능을 새롭게 추가하거나, 자주 사용하는 애플리케이션이나 기능을 기존 기능에 추가하여 편의성을 도모해왔다. 자세한 사항은 다음과 같다.

❖ 새로운 기능이 추가된 인스타그램 화면

1. 라이브 스토리 : 왼쪽 위의 카메라 모양이나 내 스토리를 터치하거나 인스타그램 화면을 오른쪽으로 밀면 실

행된다. 스토리 동영상을 촬영하거나 실시간 생방송이 가능하다. 선택에 따라 라이브, 일반, 부메랑Boomerang, 핸즈프리를 사용할 수 있다. 또한, 만들어진 라이브 스토리는 상단에 프로필 사진으로 24시간 보이며, 24시간 내 올린 스토리들을 한꺼번에 저장할 수도 있다.

라이브 : 실시간 생방송이 가능하며, 최대한 시간 라이브 방송이 가능하다. 댓글로 소통할 수도 있어 셀레브리티, 유명인, 기업, 파워블로거, 파워인스타그래머 등도 많이 사용한다. 팔로잉하는 사용자가 라이브 스토리를 시작하면 피드 화면 스토리 바

❖ 인스타그램의 라이브 방송 화면

❖ 인스타그램 라이브 방송

에 있는 원형 프로필 사진에 라이브 알림이 보인다.

인스타그램 라이브 스토리가 실행되면 라이브를 선택하고 라이브 방송 시작을 터치하여 방송을 시작한다. 오른쪽 위의 종료 버튼을 눌러 방송을 종료할 수 있다.

❖ 인스타그램 라이브스토리

일반 : 일반 게시물과 달리 좋아요를 누르거나 댓글을 달 수 없고, 사진을 찍어 스토리를 만들고 인스타그램 다이렉트 기능을 통해 이용자끼리 메시지를 주고받거나 대화할 수 있다. 선택하는 특정 팔로워들에게만 스토리를 보내거나 공유할 수 있다.

부메랑Boomerang : 기존 부메랑 애플리케이션에서 제공하던 기능이 인스타그램 안으로 들어왔다고 생각하면 된다. 인스타그램의 새로운 기능으로, 15초 동영상 또는 움직이는 사진움짤을 만든다.

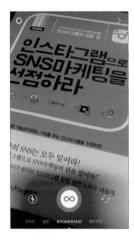

❖ 부메랑 기능

찍은 사진에 직접 단어를 쓰거나 문자를 입력하여 게시물을 꾸밀 수도 있다. 화면 상단의 스마일리 페이스 이모

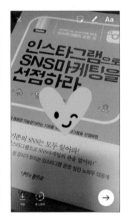

❖ 라이브스토리 꾸미기 1

❖ 라이브스토리 꾸미기 2

지를 터치하면, 활용할 수 있는 스티커가 나타난다. 또한, 손글씨를 쓰거나 키패드를 통한 글자 입력이 가능하다.

핸즈프리 : 악기 연주 등으로 양손을 모두 사용해야 하는 영상을 촬영할 때 촬영 버튼을 계속 누르지 않아도 스토리 동영상을

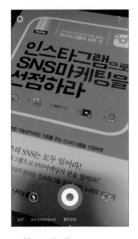

❖ 핸즈프리 기능

촬영할 수 있다.

2. 북마크 Save Posts : 인스타그램
의 새로운 기능으로 피드에서 보
이는 게시물을 내 계정에 비공개
로 저장할 수 있다.

게시물 오른쪽의 북마크 리본을
터치한 후 내 계정으로 돌아와서
게시물 형태 옆의 리본을 누르면
좀 전에 저장한 이미지를 확인할
수 있다. 저장할 필요가 없다면 다
시 게시물의 리본을 터치하여 흰
색 리본으로 변경하면 된다.

❖ 북마크 기능

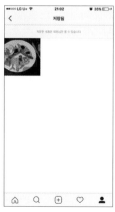

❖ 북마크 기능 저장 화면

3. 사진과 동영상 올리기 : 인스타그램의 새로운 기능으로 하나의 게시물에 2개 이상의 사진이나 동영상을 한 번에 올릴 수 있다. 이 기능으로 하나의 게시물에 최대 10개의 사진과 동영상을 올릴 수 있다. 화면을 옆으로 살짝 밀면 다음 사진이나 동영상을 볼 수 있다. 댓글과 좋아요는 게시물 전체에 일괄 적용된다.

❖ 사진 여러 장 올리기

텍스트와 이미지는
어떻게 올리지?
인스타그램 콘텐츠 올리기

인스타그램은 문장 대신 사진을 올리고 적절한 문구와 해시태그를 넣어서 소통한다. 이제부터는 인스타그램에 콘텐츠를 올리는 방법을 알아보자. 더불어 좀 더 많은 사람들에게 호응을 유도할 수 있는 인스타그램 게시물에 대해서도 알아보겠다.

인스타그램을 보면 가장 먼저 게시물과 팔로워, 팔로잉이라는 글자와 함께 숫자를 확인할 수 있다. 게시물은 인스타그램에 올라간 게시물의 수를 의미하고, 팔로워는 내 인스타그램과 이웃을 맺은, 즉 나의 인스타그램을 게시물을 구독하고 있는 숫자를 의미한다. 팔로잉은 내가 소식을 받아보고있는 인스타그램의 계정 숫자를 나타낸다.

인스타그램의 홈 화면은 내가
팔로잉하고 있는 인스타그램 친
구들의 글이 보이는 영역이다. 인
스타그램은 카카오스토리와 다르
게 보이는 순서가 글을 올린 업데
이트 시간순으로 보이지 않는다.
이웃들과의 관계도를 계산해서
댓글이나 좋아요 등으로 소통한
사람들의 글 중심으로 먼저 보여
주도록 알고리즘페이스북 시스템이 되
어 있다. 가운데의 게시물 올리기

❖ 인스타그램 포스팅하기 1

버튼을 눌러 콘텐츠 올리는 화면으로 넘어가면, 이미 찍어놓은
사진첩의 사진을 선택해서 올릴 것인지, 당장 카메라로 사진이

❖ 인스타그램 포스팅하기 2

❖ 인스타그램 포스팅 화면

나 동영상을 찍어서 올릴 것인지를 결정할 수 있다.

사진을 선택하고 다음으로 넘어가면 사진의 설명과 해시태그를 넣어서 작성하면 된다. 업로드한 사진이 올라가고 해시태그 부분의 글씨가 파란색으로 보이면 활성화된 것이다.

인스타그램에 올라가는 사진의 가장 큰 특징은 정사각형의 사진이라는 점이다. 물론 지금은 다양한 형태의 사진을 올릴 수 있고, 이어붙이기도 가능하다. 하지만 잘 찍은 사진 한 장을 고른 다음 인스타그램에서 제공하는 다양한

❖ 인스타그램 필터

필터를 적용하여 완성도 있는 사진을 올린다면, 그 효과는 더욱 클 것이다.

인스타그램에 올라가는 동영상의 최대 재생시간은 60초로, 기업 홍보나 이미지 광고에서 많이 사용하고 있다. 60초라는 짧은 시간 동안 얼마나 효과적으로 전달하느냐가 가장 중요하다. 또한, 인스타그램에 올리는 사진이나 동영상에 대한 간단할 설명글은 긴 문장보다는 센스 있는 짧은 문장이 알맞다. 국내산 자색고구마를 활용한 빙수와 아이스크림을 대표 메뉴로 운영하고 있는 〈카페보라〉의 소개 영상이 3일 만에 500만 뷰를 달성하며 미국 진출 계약까지 이뤄낸 뉴스를 보며, 동영상의 파급력이 점차 커지고 있음을 느낀다.

인스타그램에서 다른 계정이나 사람들과 소통하는 대표적인 방법은 해시태그다. 활성화되어 있는 해시태그를 선택하면, 같은 관심사나 해시태그를 사용한 사람들의 글을 모두 확인할 수 있다. 해시태그는 인스타그램에서 가장 중요하고 확실한 개념의 이해가 필요한 부분이기에 앞으로 다시 설명하겠다.

❖ 카페보라 인스타그램 @cafe_bora

난 핸드폰보다 PC 인스타그램

PC버전 사용하기

기본적으로 인스타그램은 모바일 전용 애플리케이션이지만, PC에서도 사용할 수 있다. 지금부터 PC에서 인스타그램을 사용하는 방법에 대해 알아보겠다.

1. https://www.instagram.com에 접속하여 본인이 사용하는 계정 이름과 비밀번호를 입력하여 로그인한다.

2. 로그인을 하면 홈, 검색창, 내 프로필이 상단에 있고, 아

❖ PC 인스타그램 화면

래 피드 공간에는 내가 팔로잉하고 있는 계정의 게시물이 올라
온다.

❖ 인스타그램 홈 화면

3. 검색창에서 관심 있는 해시태그를 입력하면 관련 인스타그
램 게시물이 나타난다.

❖ 해시태그 검색

❖ 해시태그 검색

4. 쉽게 프로필을 편집할 수 있고 해시태그를 넣거나 링크를 넣을 수 있다. 또한, 인스타그램 게시물을 클릭하여 좋아요나 댓글을 달 수 있다.

❖ 프로필 화면

❖ 인스타그램 프로필 설정

❖ 포스팅 글 화면

인스타그램 피드에선 모바일상 팔로우했던 사람들의 최신 사진을 모아볼 수 있고, 각각의 개별 사진으로 들어가서 볼 수도 있다. 또한, PC나 태블릿 등의 다양한 디바이스를 통한 접속이나 접근은 가능하다. 하지만 사진 업로드 기능은 실시간으로 계속 진행되어야 하는 일이기에 앞으로도 모바일 애플리케이션을 통해서만 가능하도록 만들겠다는 인스타그램 CEO의 공식 입장이 있었다. 그래서인지는 모르겠으나 인스타그램의 PC 버전에서는 사진을 업로드하거나 게시물을 작성할 수 없다.

나를 말한다 나를 표현한다
프로필 올리기

앞에서도 밝혔지만, 모든 SNS가 그렇듯이 인스타그램 마케팅을 시작할 때 가장 중요한 것은 계정 이름을 정하고 프로필을 꾸미는 것이다. 인스타그램을 접할 때 가장 먼저 보이는 부분이기 때문이다.

인스타그램 마케팅은 계정을 설정할 때부터 시작한다고 해도 과언이 아니다. 그래서 계정을 설정할 때 쉽게 기억되고 명확한 이름을 사용하는 것이 좋다. 특히 젊은 여성이나 학생들이 많이 사용하기 때문에 감각적이고 센스 있는 계정명을 사용하면 좋다. 그런 다음 프로필을 채울 때는 인스타그램에서 홍보하고자 하는 목적에 맞는 명확한 제목을 설정해야 한다. 문장만으로 사용해도 좋지만, 이모티콘 등을 사용하여 좀 더 재미있는 표현이 가능하다. 또한, 실제 웹 사이트 등으로 링크가 가능하기에 주소를 넣어서 표현하는 것도 좋다.

계정을 만들었다면 이제 프로필을 작성해보자. 프로필은 다른 인스타그램 사용자들이 방문했을 때 '아, 이런 사람이로구나' 라고 생각할 수 있는 대문 같은 것이다.

프로필을 작성할 때 어떤 이름을 갖느냐가 매우 중요하다. 이름에 신경을 써야 하는 이유는 인스타그램 내에서의 중요한 검색 방법의 하나가 '이름 검색'이기 때문이다. 만약 어떤 사람의 인스타그램 계정을 찾을 때 알고 있는 닉네임^{애칭}이나 아이디를 검색해보는 방법도 있지만, 그 사

람이 다른 웹사이트에서 사용하는 아이디와 닉네임을 인스타그램에서도 사용하고 있을 거라는 확신이 없으니 우선 생각할 수 있는 방법이 바로 이름으로 검색하는 것이다.

인터넷 공간에서의 이름은 다른 사람들이 나를 찾아오게 하는 브랜드의 역할을 하는 것이니만큼 이름을 잘 짓는 것은 매우 중요하다. 그래서 인스타그램 가입

❖ 이름 검색하기

전에 좋은 이름을 미리 생각해두면 좋다. 프로필을 작성할 때에 주의할 점은 글자 수의 제한[150자]이 있다는 것이다. 멋진 글귀를 적는 것도 좋지만 제한된 글자 수를 넘겨 프로필이 잘려서 보이는 일이 없도록 해야 한다.

인스타그램은 외부로 나갈 수 있는 영역이 유일하게 프로필의 링크를 통해서만 가능하다. 대부분 이 링크를 상업적으로 사용하는 사람들은 홈페이지, 쇼핑몰, 블로그, 카카오톡 상담 채널[오픈 채팅 또는 옐로아이디]로 설정해놓는 경우가 많다. 지금부터는 더 자세하게 카카오톡 상담채널에 대해 알아보도록 하자.

1. 카카오톡 애플리케이션에서 채팅으로 들어가서 노란색 버튼을 누르고 나서 오픈 채팅을 터치한다.

❖ 카카오톡 친구검색

2. 오픈 채팅방 만들기를 누른다.

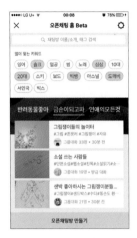

❖ 오픈 채팅방 만들기 1

3. 그런 다음 채팅방 이름을 입력한다.

❖ 오픈 채팅방 만들기 2

4. 채팅방의 대화 방법을 선택하고 다음을 누른다. 아무래도 상담의 성격이 있다 보니 여러 명과 1:1로 대화하기를 선택한다.

❖ 오픈채팅방 만들기 1

5. 채팅방의 성격을 입력하고 검색허용으로 설정한 다음, 다음을 터치한다.

❖ 오픈채팅방 만들기 2

6. 완료를 터치하여 채팅방을 개설한 후 링크복사하기를 눌러서 링크를 복사한 다음 인스타그램 프로필 링크영역에 붙여넣기하면 된다.

❖ 옐로아이디 다운 및 가입

옐로아이디의 생성은 옐로아이디 관리자라는 애플리케이션을 다운로드한 후 아이디를 만들 수 있다. 오픈 채팅과 마찬가지로 인스타그램 프로필에서 공개하여 상담창구로 사용하기에 편리하다. 참고로 인스타그램 프로필 링크에 한국어 URL을 허용하지 않기에 옐로아이디의 영문 주소 링크를 사용해야 한다.

필자의 인스타그램 프로필에는 모두네이버 무료 홈페이지 서비스 홈페이지를 걸어두었다. 이 사이트를 프로필 링크로 걸어놓은 이유는 홈페이지를 누르고 들어가 보면 홈페이지를 통해서 블로그, 인스타그램, 페이스북, 카카오스토리, 전화 상담, 카톡 상담 등 모든 버튼을 편하게 터치할 수 있는 원 페이지로 이동하기 때문이다. 말하고 싶은 것이 많고 보여주고 싶은 것이 많은 브랜드라면 '모두Modoo'라는 무료 홈페이지를 통해서 한 번에 모든 SNS 및 여러 가지를 보여 줄 수 있다는 장점이 있다.

❖ 모두 홈페이지 화면

인스타그램 프로필은 이름과 홈페이지 주소, 이메일, 연락처 등이 한 줄로 나열된다. 게다가 아이폰에서는 프로필 소개 부분이 줄바꿈이 적용되지 않는다. 따라서 아이폰 사용자라면 메모장을 열어 프로필을 작성한 다음 복사를 하고 인스타그램 프로필 편집 화면으로 돌아와 붙여넣기를 하면, 줄 바꿈이 된 깔끔한 소개 글을 입력할 수 있다. 또는 PC 버전을 이용해도 간편하게 프로필을 작성할 수 있다.

❖ 프로필 편집하기

잘 찍은 한 장이 중요해
인스타그램에서 사진찍기

이제 본격적으로 자신의 인스타그램을 꾸며보자. 인스타그램에서 가장 중요한 콘텐츠가 바로 이미지와 짧은 동영상이다. 인스타그램에 사진을 올리는 방법과 올릴 이미지들을 보기 좋고 자신의 취향에 맞도록 보정하는 방법을 알아보자.

우선 하단 메뉴에서 인스타그램 애플리케이션 모양의 아이콘을 터치하면 '라이브러리'라는 메뉴가 나

❖ 인스타그램 사진 올리기

온다. 옆으로 터치하면 사진첩으로 넘어간다. 그곳에서 올리고
싶은 사진을 찾아 인스타그램 계정에 올리면 된다.

앞서 말했듯, 인스타그램에 올릴 수 있는 동영상은 최대 60초
분량으로 제한되어 있으므로 찍어놓은 영상을 편집해서 올리면
좋다. 하단 메뉴에 있는 카메라 모양의 메뉴를 누르면 현재 스
마트폰으로 바로 동영상을 찍어서 올릴 수도 있다.

❖ 인스타그램 동영상

사진을 올리다보면 인스타그램이 기본적으로 제공하고 있는
필터 화면이 나온다. 그러면 마음에 드는 필터 효과를 선택하면
된다. 앱 스토어나 구글 플레이에서 구할 수 있는 어지간한 사
진 보정 애플리케이션보다 인스타그램의 기본 필터가 더 낫기
때문에 굳이 애플리케이션을 살 필요까지는 없다.

마음에 드는 사진을 인스타그램에 올릴 준비가 됐다면 이번

❖ 인스타그램 필터 화면

에는 사진 밑의 공간에 #해시태그를 입력해보자. 인스타그램
마케팅을 하는 동안 항상 사용하는 것이 바로 이 해시태그다.

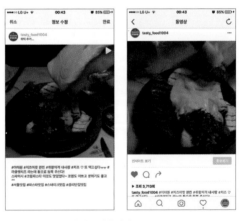

❖ 인스타그램 해시태그 사용하기

인스타그램에 올라간 사진에 함께 나온 사람이 있다면 사람
태그하기를 터치하고, 사진의 위치를 표시하고 싶다면 위치 추

가를 눌러 위치를 나타낼 수 있다. 마지막으로 공유하기를 터치하면 이미지 업로드가 끝난다. 그러면 자신의 인스타그램에 방금 올린 사진이 올라와 있는 것을 볼 수 있을 것이다.

인스타그램 필터 기능 살펴보기

인스타그램은 사진 기반의 SNS이다 보니 사진과 관련된 다양한 필터를 제공하고 있다. 선명한 색감 보정이나 극명한 대비 효과, 복고풍 스타일, 빈티지하고 부드러우며 묘한 컬러 톤 등 사진을 좀 더 분위기 있게 보정해주는 기능이다. 사진에 자신이 없더라도 필터 효과만으로도 통일감 있는 색감의 사진을 올릴 수 있다. 하지만

❖ 인스타그램의 다양한 필터 1

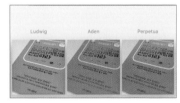

❖ 인스타그램의 다양한 필터 2

지나치게 필터에만 의존하게 되면, 사진에 대한 감각을 키울 기회
가 사라지기에 적당한 선에서 사용하기 바란다.

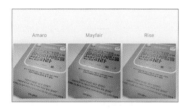 

❖ 인스타그램의 다양한 필터 3

❖ 인스타그램의 다양한 필터 4

더 잘 찍기 위한 꿀팁
사진 찍을 때 중요한 것들

인스타그램에서 해시태그보다 중요한 것이 있다면 그건 바로 '사진'이다. 스마트폰 애플리케이션으로 시작된 서비스라서 강렬한 단 한 장의 사진으로 이미지를 전달해야만 사람들의 눈에 띌 수 있다. 잘 찍은 사진이나 인스타그램에서 인기를 얻은 사진들을 보면서 감각을 익힐 수 있다. 보통의 사람들이라면 남의 작품들을 보면서 실력을 키우는 것이 좋다. 실제로 사진이나 그림과 같은 이미지들을 활용해서 인기를 끈 마케팅은 인스타그램이 나오기 이전에도 적지 않았다.

인스타그램에 사진을 올릴 때는 무엇보다 똑같은 크기로 올리는 것이 중요하다. 다른 곳에서 쓰던 사진을 편집이나 수정

❖ 올리는 사진의 통일이 중요함을 보여주는 비교 사례

없이 올리다 보면 사진의 크기가 뒤죽박죽이어서 인스타그램에 집중할 수 없다.

인스타그램에서 기본적으로 제공하는 필터 이외에 각 사진에 맞춰 각각의 보정이 가능하다. 일반적으로 사진을 찍어 올릴 때 인스타그램에서 제공하는 필터에 의존해서 올리는 경우가 많은데, 사진에 대한 직접적인 보정을 통해 자신의 개성이 담긴 사진으로 보정을 해서 올리면 더욱 좋다.

또한, 레이아웃 인스타그램^{Layaout}

❖ 필터로 사진 수정

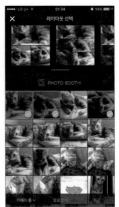

❖ 레이아웃 애플리케이션 활용

from Instagram 애플리케이션을 사용하여 여러 장의 사진을 하나의 화면에 나누어 올릴 수도 있다.

❖ 이니스프리 인스타그램
@innisfreeofficial

인스타그램을 마케팅을 위해 사용한다고 하더라도 제품사진만 늘어놓으면 거부감을 느낄 수 있다. 제품이나 업무 관련 사진 이외에도 일상의 모습도 섞어서 올려야 좋다. 최대한 일상의 모습을 보여준다는 느낌으로 이미지를 담고, 그 속에서 제품을 살짝 노출해주는 것이 더욱 좋은 효과를 얻을 수 있다.

명화나 작품 사진

인터넷에는 gif 파일 형식
으로 만들어진 이미지들이
많다. 저작권이 이미 소멸
한 작품을 재창작하는 방법
은 법적인 분쟁을 피할 수
있고, 원래의 작품이 지니고
있는 인지도를 함께 얻을 수
있다는 장점이 있다.

❖ 작품 이미지 활용

사진 변형하기

인스타그램에 올리면 주
목받을 만한 이미지를 만드
는 방법으로 사진을 약간 변
형할 수도 있다. 또 다른 방
법은 기존의 사진을 합치는
것이다.

❖ 사진 합성하기

아이디어 돋보이기

인터넷에서는 언제나 아이디어가 돋보이는 사진이 환영받는
다. 여기서 한 가지 기억해야할 점은 사람들에게 환영받는 아이
디어는 그렇게 거창하지 않아도 된다는 것이다.

❖ 아이디어 사진 1

❖ 아이디어 사진 2

유머 & 페이크 사진

유행하는 이야기를 움짤이나 재미있는 패러디는 많은 호평과
반응을 끌어낼 수 있다.

❖ 유머 사진 1

❖ 유머 사진 2

실용적이거나 팁이 되는 사진

인스타그램에 올렸을 때 좋은 평판을 받
을 사진 아이디어 중 하나는 실용적인 아이
디어에 대한 것이다. 실용적인 이미지에 인
스타그램 계정이나 사람들에게 알리고 싶

❖ 실용적인 사진

은 메시지를 간단하게 적어 넣으면 무척 유용할 것이다.

감동적인 사진

사진 한 장에 이야기를 담을 수 있다면, 어떤 글보다 감동을
줄 수 있다.

❖ 감동적인 사진

보다 느낌 있게 생동감 있게
동영상 올리기

인스타그램이 주로 사진이 핵심이 되는 SNS인 것은 사실이지만 동영상이라는 콘텐츠 형태는 이미 사진의 영향력과 거의 대등한 수준에 올라섰다. 유튜브나 아프리카TV, Vimeo, Dailymotion과 같은 동영상 사이트들이 이미 상당한 트래픽을 바탕으로 확실한 수익 모델을 세우는데 성공하고 있다. 동영상 재생시간도 15초에서 60초로 늘어나면서 동영상에 대한 기대가 더 커졌다. 너무 잘 찍은 영상을 올리려는 욕심보다는 일상을 담은 자연스러운 동영상들의 반응이 좋은 편이다.

1. 카메라 버튼을 터치하여 화면이 나오면 동영상을 누른다.

영상 아래의 동그라미를 눌러 영상을 촬영한다. 60초까지 촬영
이 가능하다.

❖ 동영상 올리기 1

2. 촬영이 끝나면 다음을 터치하여 사용할 필터를 선택한다.

❖ 동영상 올리기 2

3. 간단한 문구와 해시태그를 입력한다. 이때 #와 단어를 입력하면 관련 해시태그들이 나타나는데, 단어를 입력하거나 특정 해시태그를 터치하여 선택할 수 있다.

❖ 해시태그 넣기

4. 공유하기를 터치하여 인스타그램에 올린다.

❖ 글 업데이트하기

무엇보다 인스타그램을 성공으로 이끄는 가장 확실한 방법은 자신만의 콘셉트를 정하고 자신의 이야기와 스토리텔링을 잘 이용하는 것이다.

인스타그램 마케팅의 꽃
해시태그 사용하기

누가 "인스타그램에서 중요한 게 무엇입니까?"라고 묻는다면 대부분 "해시태그!"라고 말할 것이다. 이 해시태그라는 것은 인스타그램 상단의 검색창에 '# + 특정단어'로 입력하는 것을 말한다. 이 해시태그가 만들어진 이유를 알게 되면 왜 인스타그램 마케팅에서도 해시태그가 가장 중요하다고 하는지 짐작할 수 있다.

간단하게 말하면 해시태그는 검색의 편리함을 위해 도입된 기능이다. 사용자가 인스타그램에서 찾고 싶은 사진이나 영상을 효과적으로 찾을 수 있도록 만든 도구다. 해시태그는 원래 특정 주제별로 개설된 토론방 형식으로 트위터를 이용하던 사용자들이 자신들의 토론방 콘텐츠를 구분하기 위해서 만들어 사용한 것이 그 시초이다.

해시태그를 통해서 인스타그램 이용자를 대상으로 어떤 것에 관심이 있는지를 짐작할 수 있고, 그것에 분명한 관심을 갖고 있는 사람들만을 따로 모아서 볼 수도 있다. 불특정 다수가 존재하는 시장에서 특정한 관심사를 가진 잠재고객들만을 따로 모으고Grouping, 분류Sorting하는 것이 해시태그를 통해서 가능하게 됐다.

해시태그라는 것 자체가 '이것을 찾고 싶다'라는 의사 표시다. 마케팅 캠페인의 효과를 높이기 위해서 시장세분화를 하거나 목표시장을 결정하는 행위 등을 하는데, 인스타그램에서는 이 해시태그만으로도 이용자들의 원하는 바를 일목요연하게 분리해낼 수 있다는 장점이 있다. 필자가 지속해서 SNS가 대기업이든 소규모 자영업자이든 공평하게 가능성이라는 기회를 제공할 수 있다고 말한 것도 해시태그의 이런 기능 때문이다.

인스타그램의 검색에서 사용하려는 해시태그를 입력하여 게시물의 숫자를 확인하여 사용할 수 있다. 검색한 해시태그의 게시물이 많을수

❖ 해시태그 검색 화면

❖ 유사한 콘셉트를 가진 인스타그램의 해시태그를 자주 확
인할 것

록 사람들이 자주 사용하는 단어라는 것을 의미하기 때문에 그
단어로 해시태그를 사용했을 때 훨씬 효과적이라고 할 수 있
다. 또한, 유사한 콘셉트를 가진 인기 인스타그램에서 자주 사
용하는 해시태그를 확인하면서 자신이 생각하지 못했거나 반
응 좋은 게시물의 해시태그를 추가해도 좋다.

그 외 주 고객이 되는 사람들의 인스타그램을 살펴보면서 해
시태그를 확인하고 추가하기 바란다. 해시태그는 댓글을 달 때
도 입력할 수 있다.

태그 검색을 무료로 해주는 사이트 등을 이용하여 해시태그
를 좀 더 쉽게 사용할 수도 있다. 대표적인 사이트로 스타태그
http://startag.io가 있는데, 스타태그에 들어가 올리고자 하는 게시물
과 관련된 태그를 입력하여 관련 태그의 누적게시물 수, 인기글
평균 좋아요 수, 인기 글 평균 유지시간, 게시물 누적게시물 수,

❖ 댓글에서도 해시태그 입력이 가능함

반응도, 트렌드 지수 등을 확인할 수 있는 태그분석 결과를 보며 해시태그를 이용해도 좋다.

해시태그를 잘 활용할 수 있다면 이보다 훌륭한 마케팅 도구가 있겠느냐는 생각이 든다. 여기서 중요한 것이 어떤 해시태그

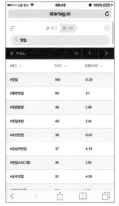

❖ 스타태그 모바일 버전

❖ 스타태그 PC 버전 1

❖ 스타태그 PC 버전 2

를 쓰는가이다. 이를테면 오늘 찍은 사진이 유난히 마음에 들어서 인스타그램에서 자랑하고 싶을 때 해시태그를 어떻게 붙이느냐에 따라서 검색의 효과가 다르다.

어떤 단어를 해시태그에 사용하는 것이 좋은지 궁금할 때에는 네이버 실시간 검색사이트 등에서 검색순위에 오르내리는 단어를 검색하여 입력해 보는 것도 좋다. 해시태그는 문장 마지막에 한꺼번에 몰아서 쓰는 방법도 가능하다. 이를테면 #이대앞 #코엑스라고 지역명을 태깅하면, 이 지역을 검색한 사람들에게도 게시물이 보인다.

❖ 홍콩비어 해시태그 검색

주의할 점은 국문이나 영문과 같은 일반 문자와 숫자는 사용할 수 있지만 특수문자 %, $, &같은 것들은 사용할 수 없다. 하나의 게시물에 태깅할 수 있는 해시태그의 숫자는 30개로 제한이 되어 있다. 단, 해시태그 숫자 제한은 종종 변동되기 때문에 그때그때 확인하는 것이 좋다.

해시태그 검색 외에 위치 검색이 가능한데 필자가 운영했던 홍콩비어 적용 사례로 이야기해보겠다. 위치 검색은 본사가 있는 위치나 특정 이벤트가 진행되는 장소와 같이 기업에게 있어서 중요한 위치가 있다면 주기적으로 위치 태그를 모니터링하는 것은 그 지역에서 인스타그램을 사용하는 사용자들을 식별하는 데 도움을 준다. 게시물에 위치가 태그

❖ 홍콩비어 해시태그로 위치 확인

되었을 때, 사용자는 특정 장소에서 공유되어진 모든 콘텐츠에 대한 개요를 보여줄 수 있는 특정 위치가 태그된 모든 콘텐츠에 대해서 볼 수 있다.

유사한 콘텐츠를 공유하는 사람들에 의해 사용되는 해시태그를 확인한 후, 해당 해시태그를 모니터링하여 본인에게 맞는 해시태그를 찾아서 사용하길 바란다.

❖ 홍콩비어 해시태그 검색 결과

인스타그램이 인기를 끌고 있는 이유

인스타그램이 인기를 끌고 있는 몇 가지 이유가 있는데 그중 하나는 '카메라 필터 효과'이다. 이전까지는 사진 보정 애플리케이션으로 사진을 찍고 저장해서 페이스북이나 다른 SNS에 사진을 올렸다. 그러나 인스타그램은 자체적으로 다양한 필터를 제공하기에 사진을 찍고 바로 보정해서 사진을 올릴 수 있다는 장점이 있다.

또 다른 이유는 다른 채널에 비해 광고가 아직 없는 영역이라고 생각하기 때문이다. 첫 번째 책에도 썼지만 사람들이 네이버에 대한 신뢰도가 떨어지면서 네이버로 검색하던 '강남맛집' 등의 단어를, 인스타그램에서 제공하는 해시태그를 통해서 검색한다는 것이다. 비주얼로 검색해서 한 눈에 보기 좋다는 장점과 실제 사용자가 쓴 후기 같은 사진 속에서 고객이 제품이나 브랜드나 장소를 찾는다는 것이다.

사용자들이 직접 브랜드 계정을 검색하지 않더라도 사용자들이 브랜드에 대해서 어떤 이야기를 하고 있는지 알 수 있는 방법은 바로 브랜드 해시태그로 검색하는 것이다. 해시태그는 일반적인 브랜드 이름에서부터 흔히 많이 쓰는 축약어나 오탈자까지 모두 포함된다. 제품, 서비스, 그리고 이벤트명에서부터 기업과 관련된 모든 이름들이 사용될 수 있다. 일반인들은 브랜드 해시태그를 사용하는 사용자들을 제어할 수 없으므로 그들이 사용할 만한 모든 해시태그 용어들을 검색해야 한다. 어떤 게시물들은 브랜드와 상관없이 없을 수 있지만, 그들의 대화를 모니터링하는 것은 브랜드에 대한 이야기를 소셜미디어에서 공유하고 있는 팔로워들과 더욱 긴밀한 관계를 구축하게 해준다.

고객이 즐거우면 마케팅
효과도 쑥쑥 올라간다

'참깨 빵 위에 순 쇠고기 패트 두 장, 특별한 소스, 양상추, 치즈, 피클, 양파까지….'

몇 년 전 TV 광고를 통해 소개되면서 엄청난 유행을 했던 CM이다. 지금도 가끔 흥얼거리게 되는 이 CM은 한국 맥도날드의 빅맥 탄생 기념으로 제작되었다. 빅맥 송이라는 이름으로 불리면서 처음 선을 보였을 때도 선풍적인 인기를 끌었지만, 이후에도 멜로디에 개사를 하거나 TV 출연하기 등을 걸고 빅맥 송을 따라 부른 동영상을 맥도날드 이벤트 페이지에 업로드하거나 매장에서 다양한 버전의 빅맥 송을 부르는 등의 참여를 이끌었다.

❖ 빅맥 송 이벤트 페이지

한국 맥도날드는 '빅맥 송 이벤트'로 빅맥 메뉴의 괄목할 만한 매출을 올렸을 뿐만 아니라 고객 스스로 빅맥 홍보 대사가 되었다는 점이 기존 고객 참여를 위해 다양한 이벤트를 해온 기업들에게 신선한 충격을 던졌다.

해외에서도 다양한 장난감과 게임으

❖ 픽셔너리 게임

로 유명한 마텔사의 픽셔너리 이벤트가 많은 사람들의 관심을 받았다. 픽셔너리는 한 사람이 카드의 단어를 그림으로 그리면 다른 사람이 맞추는 방식으로 진행되는 보드 게임이다.

마텔사는 게임의 홍보를 위해 사람들이 많이 다니는 길에 즉석 포토부스를 설치하고 그 안에 만화가가 숨어 있도록 하여 사람들이 사진을 찍으면 만화가의 즉석 그림이 나오는 이벤트를 진행했다. 처음에는 아무것도 모르는 사람들도 사진 대신 그림을 받아보고 굉장히 즐거워했다. 이러한 재미있는 경험을 한 고객들은 자신의 SNS에 그림을 업로드하거나 인증샷을 올리면서 자연스럽게 많은 사람들에

❖ 즉석 포토부스에서 사진 대신 만화가가 그림을 그린 모습

게 소개되었고, 더불어 게임에 대한 관심도 함께 높아졌다.

마케팅이라고 해서 그저 딱딱하고 어려운 것이 아니다. 유머와 재치를 적절히 배치하면 많은 사람들이 함께 참여할 수 있어 바로 재미와 효과, 두 마리의 토끼를 잡을 수도 있다.

＊참고 사이트

http://blog.naver.com/myfomento/220859185615

PART 3

실전
인스타그램
레벨 업

INSTAGRAM MARKETING

인스타그램의 핵심은
역시 탄탄한 기본기
콘텐츠 구성하기

인스타그램 마케팅의 성공비결은 결국 인스타그램 유저들에게 얼마만큼의 신뢰를 얻느냐에 달려 있다. 그렇다면 신뢰는 어떻게 얻을 수 있을까? 일반적으로 이미지 기반의 SNS인 인스타그램이 신뢰를 얻는 가장 효과적인 방법은 역시 사진이다.

그동안 우리가 사용한 네이버 블로그나 유튜브, 트위터, 인스타그램까지 많은 사람들의 선택을 받고 사랑받았던 서비스들에서 인기를 얻을 수 있었던 유일한 공통점은 콘텐츠였음을 알 수 있다. 네이버 파워 블로거들 대부분 자신만의 콘텐츠가 있는 가였고, 구독자가 많은 파워 유튜버들도 결국 그들의 콘텐츠가 얼마나 가치 있느냐에 달렸다. 트위터라고 다르지 않았다. 140자밖에 안 되지만 사람들의 마음을 울리는 글, 혀를 차게 만들던 소식을 순식간에 트위터 전체로 퍼뜨릴 수 있었던 파워 사용자들의 무기가 바로 글, 즉 콘텐츠였다.

인스타그램은 결국 사진이나 60초의 짧은 영상으로 승부를 볼 수밖에 없다. 노출되지 않는 데 감동적인 3분짜리 영상을 만들어 봤자 아무 소용이 없다는 말이다. 다양한 SNS 채널을 구축하고 운영하는 것이 필요하기는 하지만 각각의 채널마다 한계가 있으므로 결국 그것을 뛰어넘는 효과를 기대하는 방법은 진정성 있는 커뮤니케이션과 콘텐츠가 필요하다.

알고리즘을 뛰어넘는 콘텐츠가 필요하다

잘 만들어진 콘텐츠가 인스타그램이든 유튜브든 트위터든 어떤 채널에서든 신뢰받을 수 있는 비법일 뿐만 아니라 모든 SNS가 가진 알고리즘 같은 로직까지도 극복할 수 있다. 네이버 블로거들이 가장 알고 싶은 것이 '네이버 검색결과가 어느 페이지에서 노출되는지에 대한 네이버의 검색 로직'일 것이다. 다른 인터넷 서비스나 SNS도 마찬가지다. 구글 검색에서 상위 검색되고 싶은 모든 사람들이 궁금해하는 것 역시 구글의 알고리즘이다.

필자가 강의 때마다 혹은 컨설팅 때마다 '네이버나 구글의 알고리즘에 대한 비밀을 알려 할 게 아니라 정직하고 부지런하며 끈기 있게 하셔야 합니다'라고 당부하는 이유가 바로 여기에 있다. 좋은 콘텐츠에 집중해야 한다는 것은 괜히 하는 얘기가 아니라 아주 현실적인 조언이다. 좋은 콘텐츠야말로 모든 알고리즘들이 좋아하는 비밀, 바로 그것이기 때문이다.

수많은 변화에도 불구하고 여전히 흔들리지 않고 있는 구글 페이지랭크의 가장 기본이 되는 알고리즘은 영향력이 있는 페이지가 인용할수록 페이지랭크가 올라간다는 것으로 신뢰받는 콘텐츠라는 의미이다.

검색결과를 건강하게 유지하기 위해서 네이버도 그렇고 구글이나 다음, 페이스북의 알고리즘은 주기적으로 변한다. 그렇게 하지 않으면 고객들의 신뢰를 잃어버리기 때문이다.

네이버 블로그의 콘텐츠 신뢰를 받았을 때 네이버 검색의 상위권에만 오르면 많은 사람들에게 호응을 얻고 신뢰받는다는 것을 알고 있을 것이다. 그래서 어떻게 해서든 첫 페이지에 올라가고자 애쓴다. 인터넷 마케팅, 혹은 블로그 마케팅, 인스타그램 마케팅으로 검색하면 적지 않은 전문가들을 찾을 수 있다. 혹은 전문 서비스 업체들을 이용하기도 한다. 그러다 보니 콘텐츠의 품질이 떨어지고, 결국 검색에서 제외되는 경우도 생긴다. 이런 무시무시한 일을 하는 것이 바로 알고리즘이다.

결국, 네이버는 검색하면 광고만 나온다는 인식이 생기면서 콘텐츠의 신뢰가 떨어지고, 이용자들이 검색결과를 불신하면서 네이버 등의 매체에 대한 이용이 줄어든 것이다. 그래서 사람들이 새로운 채널을 찾게 되고, 인스타그램이 그 자리를 차지하면서 마케팅 효과까지 보고 있다. 정보에 대한 검색 욕구는 언제든 확실히 있으므로 믿을만한 곳에서 그 정보를 찾고자하는 데, 인스타그램에서 그러한 욕구를 해소할 수 있는 콘텐츠를 접하면서 많은 이들이 '믿을만한 곳'이라는 인식을 하게 되었다.

사랑받는 콘텐츠가 최우선이다

하지만 워낙 변화가 빠른 분야가 SNS이다 보니 벌써 인스타그램의 콘텐츠에 대해 의구심이 생기고 있다. 그 분명한 증거가 인스타그램 마케터들의 등장이다. 이를테면 '1만 원에 1,000명 늘려드립니다'라는 팔로워 장사꾼들이 있더라는 애기가 인터넷 커뮤니티에 올라오기도 했다. 이 글에 한 네티즌은 자신의 서비스 경험담을 댓글로 올렸다.

인스타그램 마케팅 업체의 노하우 일부가 공개된 셈인데 이들 대행사가 고객 계정에 접속한 다음, 좋아요, 선팔 먼저 팔로우 등의 작업을 대신 해주는 방법으로 팔로워 숫자를 늘린다는 것이다. 좋아요를 열심히 누르고, '선팔 부탁합니다'와 같은 글도 대신 올려준다거나 빼놓을 수 없는 해시태그 작업도 열심히 대행해준다는 식이다. 반론도 있어서 '큰돈도 아닌데 효과가 있으면 되는 것 아니냐?'라는 의견도 있고 '인위적으로 팔로워 숫자를 늘리는 것도 아니고 열심히 인스타그램을 해서 팔로워가 느는 건데 뭐가 문제인가? 그 정도는 대신해줄 수도 있는 거 아닌가?'라고 업체 측의 입장을 옹호하는 사람도 있다.

문제는 이런 과정이 바로 네이버 블로그가 이용자들로부터 신뢰를 잃기 시작했던 모습을 고스란히 답습하고 있다는 사실이다. 조만간 혹은 언젠가는 인스타그램도 신뢰를 잃을지도 모른다. 그런 와중에도 꾸준히 이용자들에게 사랑받는 콘텐츠를 지속하여 올릴 수만 있다면 어떤 상황이든 극복할 수 있을 것이다.

이것이 마음을 울리는 키워드이다

비주얼로 승부를 보는 SNS이다 보니 어쩔 수 없이 인스타그램에서는 예쁘고 잘 생기면 팔로워를 늘리는 일이 어렵지 않다. 아니, 쉽다. 하지만 이건 원망한다고 해서 해결될 문제가 아니기 때문에 뭔가 다른 방법이 필요하다. 그 좋은 방법이 공감대를 형성할 수 있는 주제를 선택하는 것이다. 이를테면 유머, 분노, 안타까움 등과 관련된 콘텐츠를 선택해 올리는 방법이다.

첫째, 귀여운 아기와 동물 이미지를 사용하는 것이다. 아기와 동물을 모델로 사용하면 친숙함과 호감도를 모두 높일 수 있다. 걸음마를 하는 아기, 웃는 아기, 졸고 있는 고양이, 뒤뚱거리며 엄마를 졸졸 따라다니는 병아리 등을 보고 있으면 따뜻한 미소가 저절로 지어지기 때문이다.

둘째, 가장 일반적으로 사용하는 키워드인 '아름다움'이다. 아름다운 여성의 이미지로 남성 소비자들의 시선을 사로잡거나, 워너비 스타나 셀레브리티의 이미지로 소비자들이 모방하게끔 만들기도 한다. 바로 아름답거나 섹시한 여성이 자주 등장하는 이유다.

셋째, 정보를 알려주는 콘텐츠이다. 사람들은 남들이 잘 몰랐던 정보를 전달하는 사람이라는 이미지를 갖고 싶어 하고 동경한다. 나눌 정보가 있다면 필요로 하는 친구나 지인에게 전달하자. 가끔은 전문가의 분석보다 정보를 필요한 사람 즉 타깃에게 필요한 정보나 콘텐츠를 전달하는 것이 그들의 마음을 울리는 중요한 키워드가 되기도 한다. 그리고 내가 만든 콘텐츠가 지금의 유행이나 사람들의 관심사를 반영하고 있는지를 항상 고민하며 지금 사람들이 관심을 두고 있는 주제를 찾아서 나만의 콘텐츠를 만들도록 하자.

넷째, 희망, 자신감, 믿음, 그리움, 사랑, 감동 등의 다양한 감정을 담아서 콘텐츠를 만들어 보길 바란다. 특히 감동을 주는 사진이나 이미지는 강렬한 인상을 남길 수 있다. 희망을 이야기하거나 어느샌가 울컥하게 만드는 콘텐츠도 좋다.

다섯째, 어떤 순간에나 통하는 키워드가 있다. 바로 웃음을 만드는 콘텐츠, 유머다. 재미있다고 느끼는 콘텐츠는 다른 사람들과 함께 보고 즐기고 싶어 한다. 다만 '재미만을 위해 지나치게 과한 행위'를 한다면 오히려 눈살을 찌푸리게 한다는 것을 명심하자. 요즘 들어 너무 과한 행동으로 인해 사회 문제가 되고 있다. 모든 일이 과유불급이다. 잊지 말기 바란다.

여섯째, 모든 사람들은 좋아하는 것과 싫어하는 것이 있다. 특히 민감한 주제일 경우에는 온라인에서 격렬하게 대치되기도 한다. 이런 논란이 격렬할 경우에 꼭 중립을 유지하는 것만이 좋은 것은 아니다. 가끔은 자신의 의견을 피력하는 것이 사람들의 반응을 끌어내는 데 유리하게 작용할 수도 있다.

일곱째, 사람을 놀라게 하는 방법에는 일반적으로 사람들이 싫어하고 꺼리는 귀신이나 징그럽고 역겨운 것들로 놀라게 하는 '부정적인 것'과 믿을 수 없는 기적이나 기쁨이나 희망을 전할 수 있는 '긍정적인 것'이 있다.

브랜드의 이미지를 만들고 싶다면 당연히 좋은 콘텐츠여야 할 것이다. 사람들이 잘못 알고 있던 상식들을 알려주거나 전혀 예상하지 못했던 내용의 콘텐츠를 만들고 마지막에 충격적인 반전을 주면 많은 사람들의 호응을 이끌어낼 수 있다.

SNS 마케팅을 위한 콘텐츠를 만드는 키워드를 잘 이해하고 활용하여, 많은 사람들의 관심과 호응을 끌어낼 수 있는 나만의 콘텐츠를 만들어보자.

누구를 위해?
무엇 때문에?

인스타그램 주제 정하기

인스타그램은 기본적으로 광고 계정은 팔로잉이 많이
늘지 않는다. 인스타그램을 하기로 했다면 가장 첫 번째는 계정
운영 방법 세 가지 중 하나를 선택해야 한다.

첫 번째, 개인계정으로 인스타그램을 운영하면서 제품이나
브랜드를 홍보할 것인가?

자신의 개인 일상을 포스팅하는데 그것을 홍보로 이용하는
경우가 있다. 조금 더 상세하게 예를 들어보겠다. 내가 꽃집을
운영하면서 '오늘 싱싱한 꽃이 들어왔네요'라고 꽃 사진을 올렸
다고 가정하면, 결과적으로 그 자체로 '싱싱한 꽃이 오늘 들어

❖ 개인 일상과 함께 노출하여 자연스러운 제품 사진

왔구나'라고 홍보한 것이 된다. 하지만 사람들은 크게 부담 없이 홍보라고 생각하지 않으니 이러한 점이 장점이라고 볼 수 있다. 이런 개인계정으로 운영하게 되면 대놓고 홍보하는 상업적 계정들보다 댓글이나 좋아요, 팔로워 느는 속도가 조금 더 빠르게 운영할 수 있다.

두 번째, 브랜드 계정으로 운영하는 것이다. 브랜드 계정은 일상이나 잡담 등의 내용은 올릴 수 없다. 브랜드 이미지에 어긋나는 행동이나 말투도 쓸 수 없다. 따라서 사람들은 홍보라고 생각하는 경우가 많고, 댓글이나 좋아요 수가 개인 계정에 비해서는 덜 눌리고 팔로워하는 사람의 숫자도 개인 계정 보다는 잘 늘지 않는 경우가 많다. 단, 제품 사진 위주로 올려서 쇼핑몰처럼 활용할 수 있고, 이벤트 등 필요한 이미지만 올릴 수 있어서

❖ 브랜드 계정 운영 사례

고객이 보기에 중요한 정보만 볼 수 있다는 장점이 있다.

세 번째, 여러 계정을 동시에 운영하는 것이다. 인스타그램은 한 휴대폰에서 바로 로그인할 수 있는 다기능 계정 로그인

❖ 계정 동시접속 화면

이 가능하도록 업데이트가 되었다. 그래서 한 휴대폰으로 로그아웃 없이 5개 계정까지 동시 접속할 수 있으며 계정은 메일 주소만 있으면 여러 개를 만들 수 있다. 이 세 번째 방법은 계정을 2개 관리하는 것이다. 개인 계정 + 브랜드 계정이 모두 한 번에 다 접속이 되다 보니 편하게 로그인해서 사진을 올릴 수 있다. 단 사진을 2배로 올려야 한다는 번거로움이 따르기에 부지런해야만 한다.

계정 운영 방법을 결정했다면 앞에서 설명한 프로필 설정이나 기본적인 사진 설정 등을 하면 된다. 인스타그램이 처음이고 사용하는 방법이 어려운 사용자에게 추천하는 가장 쉬운 방법은 동종업계의 인스타그램을 분석하고 따라 하거나 자신만의 방식으로 재해석해서 사용하는 것이다. 해시태그를 이용하면 동종업계의 계정을 확인할 수 있다.

울림이 있는
글쓰기가 필요하다
인스타그램 글쓰기

이제는 사진과 영상의 홍보 효과가 텍스트를 압도하는 이미지의 시대가 된 것은 부인할 수 없는 사실이지만 여전히 텍스트의 위력은 무시하지 못할 잠재력을 지니고 있다. 오히려 짧고 간결하지만 울림이 있는 텍스트들은 잘 계획된 이미지들과 함께 어우러질 때 폭발적인 반응을 얻게 된다.

생각해보면 기업과 브랜드들이 큰돈을 들여 대중과 고객들의 뇌리에 심으려고 애를 쓰는 브랜드 메시지들이 바로 텍스트라는 것이다. 나이키의 카피 'Just do it^{한 번 해보는 거야}'이나 아디다스의 'Impossible is noting^{불가능은 없다}'이 여기에 해당한다. 최근에는 TV 광고를 통해서 자주 접하는 네스프레소의 카피 'What else?

그 밖에 뭐 새로운 것 없어?'가 있다. 텍스트가 인스타그램에서도 유용하게 쓰일 수 있다는 가능성을 이런 사례들에서 예상할 수 있다. 가장 유력한 사용처는 아마 해시태그가 될 것이다.

해시태그로 글쓰기가 유행한다

이미지가 강세이긴 하지만 텍스트는 여전히 훌륭한 마케팅 도구이다. 특히 SNS가 일상화된 요즘과 같은 때에 팔로잉 관계에서라면 짧은 텍스트는 신뢰를 더욱 굳게 해주는 촉매제의 역할을 할 수도 있을 것이다.

카페베네의 경우 '초코악마빙수'부터 인기 제품인 '요거솜솜'

❖ 카페베네의 #초코악마빙수 #요거솜솜 해시태그의 게시물

까지 직접 제품을 경험한 소비자들이 자발적으로 콘텐츠를 생성하고 해시태그를 통해 페이스북, 인스타그램 등 SNS에 다수 노출되면서 제품의 높은 인기를 실감하고 있다. 이와 더불어 "최근 2030 젊은 소비자들 사이에서 해시태그를 통한 자기표현 및 의사소통이 유행하고 있는 만큼 해시태그에 대한 다양한 활용 방안을 연구하고 있다"라고 전할 만큼 해시태그를 이용한 글쓰기가 애용되고 있다.

몇 해 전, 인터넷 게시판의 재기발랄한 댓글을 올리던 사람이 있었는데 마냥 웃기는 내용만은 아니어서 사람들에게 댓글 시인 혹은 시를 써보라는 권유를 받기도 했다. 그 사람은 몇 년 후 TV에도 출연하는 등 나름대로 유명인사가 됐는데, 그가 바로

❖ 하상욱 시인의 인스타그램
@thpe4graphic

SNS 시인이라는 별명으로도 불리는 하상욱 작가다. 대문호가 아니더라도 아직도 텍스트만으로 사람의 마음을 울릴 수 있다는 증거인 셈이기도 하다.

필자는 종종 하상욱 작가의 글을 보면서 '이걸 해시태그로 만들어보면 어떨까?'하는 생각을 하곤 한다. '#니가필요해내가 잘할게라는 태그를 은행 홈페이지의 대출 상품에 걸어보면 어떨까?' 하는 식으로 말이다. 니가 필요해 내가 잘할게는 하상욱 시인의 〈돈〉이라는 시의 일부다. SNS 시인도 나왔으니 인스타그램 시인 또는 해시태그 시인이라고 불가능하지는 않을 것 같다.

글쓰기는 마케팅이다

해시태그 시인의 등장을 은근히 기대하는 것과는 별개로 지금도 여전히 텍스트는 마케팅의 무기로 사용되고 있다. 다수의 경쟁자들 사이에서 선택받기 위한 도구로써 텍스트가 유용하기 때문이다. 대표적인 경우가 증권사 리포트와 신문 기사 제목 등이다. 자신들의 분석 리포트가 주목을 받게 하기 위해서 참신하고 기발한 제목을 사용하는 경우가 많아졌기 때문이다.

이렇게 누군가의 눈에 잘 띄도록 글을 쓰는 일의 전문가들은 신문사 기자들이 대표적이다. 아침에 배달되는 조간신문은 잠자리에서 일어나 식사하는 사이에 독자의 눈에 띄어야 한다. 눈에 들어오는 제목이 있어도 출근이 바빠서 기사 내용을 제대로 읽지 못하는 경우가 많으므로 신문 기사들은 역逆 피라미드식 글쓰기라는 방식으로 기사를 쓴다.

독자들의 이목을 기사 제목으로 사로잡고, 중간 제목을 훑어 보게 만드는 동안 '제대로 읽어봐야 겠구나'하는 생각을 갖게 하는 방법이 바로 역 피라미드식 글쓰기이다. 독자들이 시간이 없으므로 기사를 모두 읽는 것이 현실적으로 어렵다는 상황에 적응하기 위한 글쓰기 방법이 역 피라미드식 글쓰기인 셈이다. 지극히 마케팅적인 목적을 가진 것은 바로 신문 기자들의 글쓰기이다. 따라서 이 역 피라미드식 기사의 특징은 첫 부분에 기사 전체의 내용을 다 알 수 있도록 쓰여 있다.

인스타그램 마케팅에 텍스트가 필요한 상황은 생긴다. 전달하고자 하는 메시지를 더욱 명확히 하고 싶은 마음이 생기기 때문이다. 이럴 때 올릴 이미지에 텍스트를 적는 방법도 괜찮은 아이디어인데, 역 피라미드식 글쓰기나 하상욱 작가의 글처럼 혹은 나이키나 아디다스, 네스프레소의 카피처럼 쓰는 것이 좋은 참고가 될 수 있다.

이것이 인스타그램 마케팅 핵심 3인방

인스타그램 마케팅하기

인스타그램 마케팅 방법은 크게 세 가지이다. 모든 SNS 마케팅의 핵심은 지금까지도 이후로도 가장 기본적으로 팔로워라는 부분이다. 많은 팬을 확보해야 많은 사람들이 내 글을 보게 되고 그것이 홍보 효과로 작용하는 것이다. 예를 들어, 필자에 계정의 인스타 팔로워는 약 15,000명 정도이다. 필자가 글을 쓰면 모든 사람이 다 본다고 가정할 때 15,000명 정도가 볼 수 있는 기회가 생기는 것이다.

팔로워가 300명인 사람이 글을 쓴다면 300명이 볼 수 있는 확률이기 때문에 팔로워는 많을수록 유리한 것이 SNS 마케팅이다. 그러므로 인스타그램 또한 마케팅 방법 중 가장 바람직한

❖ 필자가 운영하는 인스타그램 계정

것은 좋은 콘텐츠를 제작해서 많은 팔로워를 확보하는 것이라
고 하겠다. 어떻게 하면 팔로워를 늘릴 수 있을지는 앞으로 설
명하겠다.

두 번째로 중요한 것은 해시태그이다. 해시태그는 소비자와
나의 관심사를 하나로 묶어주는 매개체 역할을 하고 그것이 바
로 홍보 효과로 쓰일 수 있다. 예를 들어, 내가 글을 쓰고 #가로
수길맛집이라고 해시태그를 넣었다면 #가로수길맛집을 인스타
그램에서 검색한 소비자에게 내 포스팅이 노출될 수 있기 때문
에 홍보효과가 생기게 된다. 네이버에 대한 검색 신뢰도의 하락
으로 젊은 고객층이 인스타그램에서 브랜드나 매장을 검색하는
경우가 많아지면서 인스타그램의 홍보 효과가 중요하게 여겨지
고 있다.

❖ 인스타그램 해시태그 검색

  해시태그를 검색해보면 9개의 인기게시물과 그 밑으로 최신
순으로 포스팅들이 나열된다. 9개의
인기게시물은 네이버로 따지면 상
위노출 마케팅이라고도 할 수 있는
데, 여기에 대한 기준은 인스타그램
에서 정확하게 밝히고 있지는 않다.
다만 짧은 시간 내에 얼마나 빠른
피드백^{좋아요, 댓글} 등의 기준으로 인기
게시물에 올라가는 것을 필자는 확
인할 수는 있었다. 그 밑에 최신순의
글은 시간순으로 나열되는 홍보할
수 있는 영역이다. 이걸 조금 더 마

❖ 해시태그 내 인기 게시물 화면

케팅으로 활용할 수도 있다. 예를 들어 외식업을 한다고 하면 식사 시간 전 인스타그램에 포스팅을 하면, 그 시간에 검색할 많은 사람들이 최신순의 글 방식으로 내 포스팅을 많이 볼 수 있는 확률이 높아지는 것이다.

또는 주부들 대상의 브랜드나 상품이라면 주부들이 가장 많이 인스타그램을 할 수 있는 오전에 포스팅을 올리면 조금이나마 더 많은 사람에게 내 포스팅이 노출될 확률이 높아질 수 있다.

마지막으로 다이렉트 메시지 보내기[DM]다. 이는 적극 추천하는 방법은 아니다. 일반적인 방법도 아니다. 하지만 어떤 특수 업종이나 이런 분들에게는 한 가지 방법이 될 수 있음에는 분명하다. 해시태그를 통해서 그 사람의 계정을 들어가 보고 내가 파는 상품이나 홍보하고 싶은 브랜드의 타깃이 맞는다면 그 사

❖ 해시태그 검색 화면

람에게 직접 다이렉트 메시지를 통해 내 상품이나 브랜드를 알리는 방법이다. 필자의 수강생 중에는 이 방법을 통해서 외국인들에게 직접 선택한 후 게스트 하우스 등으로 홍보해서 매출을 올린 경우도 있다.

필자는 마케팅 철학 중에, 손해 보는 게 아니라면 무조건 해야 된다고 생각하는 것이 있다. 이 방법은 시간적 여유가 있다면 한 번쯤 해볼만하다. 다소 무모해 보이는 방법이긴 하지만 해시태그를 통해서 진행하면 시도는 해볼 만한 가치가 있다는 생각이다.

❖ 다이렉트 메시지 보내기

나를 따르라
내가 따른다
인스타그램 팔로잉하기

앞서 말했던 인스타그램뿐만 아니라 SNS 마케팅의 핵심 중 하나가 많은 팔로워를 보유하는 것에 있다고 이야기했다. 팔로워가 많아지면 새 게시물을 올렸을 때 많은 팔로워들이 이웃 새 글 소식에서 내 게시물을 보게 될 가능성이 커진다. 그렇게 되면 당연히 좋아요를 받을 수 있는 확률도 높아진다. 선 순환적으로 좋아요가 많은 게시물은 인기 게시물에 올라갈 확률이 높아지게 된다.

그럼 인스타그램 팔로워를 늘리는 방법에는 무엇이 있을까? 가장 좋은 건 당연히 신뢰있는 좋은 콘텐츠이다. 좋은 콘텐츠를 올려서 많은 사람들이 그 인스타그램을 자주 들어가서 보고 싶다고 생각하게 만들면 당연히 팔로워가 늘게 될 것이다. 하지만 일반적으로 사람들에게 호응을 얻는 콘텐츠를 만들기가 생각보다 어려운 것이 사실이다. 그래서 지금부터 인스타그램의 해시태그를 활용한 팔로워 늘리는 방법을 소개하고자 한다. 사실 대단한 건 아니지만, 이 방법이 일반 계정이 가장 빠르게 팔로우를 늘릴 수 있는 방법의 하나임에는 틀림없다고 생각한다.

인스타그램에서는 '선팔, 맞팔, 언팔'이라는 단어가 있다. 인스타그램 마케팅에서 해시태그와 함께 중요한 개념이기에 의미부터 살펴보도록 하겠다. 선팔은 먼저 팔로잉한다는 의미로, 인스타그램은 다른 SNS와는 달리 친구 신청이라는 개념이 없다. 다른 SNS^{카카오스토리, 페이스북}에서는 항상 친구신청이라는 개념의 방식으로 친구를 맺어왔다. 친구신청을 하고 친구 수락을 하면 양방향으로 서로의 소식을 받아보는 친구가 되는 개념이었다. 그런데 인스타그램은 먼저 누군가가 팔로잉을 하고 다른 사람은 꼭 팔로잉하지 않아도 문제가 되지 않는다. 그래서 인스타그램에서만 쓰는 용어가 바로 '선팔'이다.

팔로우하고 싶은 계정으로 들어가서 팔로우를 터치하면 팔로잉이 된 것이다. 팔로잉한 계정과 관련 있는 계정을 보여주기도 한다. 팔로잉을 취하고 싶으면 다시 팔로잉을 누르면 팔로우 취소를 선택할 수 있는 화면이 나타난다. 이 팔로우를 취소하는 행동에 대한 용어가 '언팔'이다.

친해지고 싶은 인스타 계정에 가거나 다른 사람의 계정에 가

❖ 선팔맞팔 예시 화면

서 사진에 댓글로 "선팔하고 갑니다. 맞팔 부탁드려요." 이렇게 적으면 의미는 '내가 먼저 팔로잉할 테니 이걸 보시면 제 인스타그램에 오셔서 팔로잉을 같이 해주세요'라는 의미다. 즉 인위적으로 서로 팔로워를 만들어나가자는 것이다.

이런 형식적인 팔로우를 늘리는 게 의미가 있느냐고 묻는다면? 해시태그의 인기 게시물은 글을 올리고 나서의 반응이기에 팔로워가 많아야 좋아요나 댓글이 달릴 수 있다는 걸 명심하자. 자 선팔, 맞팔에 대한 용어 정리가 되었다면 가장 추천하는 해시태그 키워드는 '#선팔하면맞팔'이다. 해시태그를 검색해보면 글이 몇 개 등록되어있는지 볼 수가 있는데, 가장 많은 글이 등록되어있는 해시태그이고 가장 많은 사람들이 검색하고 해시태그로 사용한다는 의미이다.

그럼 다음 단계는 #선팔하면맞팔이라는 해시태그를 검색 후 거기 나오는 계정들을 팔로워하면서 내려가는 것이다. 좋아요까지 눌러주면 더 좋겠지만 팔로워만 해도 무방하다. #선팔하면맞팔이라는 해시태그가 현재까지는 가장 많은 글이 올라오는 글이지만, #선팔맞팔, #선팔은곧맞팔 등 이런 종류의 해시태그가 많이 있으니 참고하자.

이 해시태그에 가서 팔로잉을 신청하면 그 사람이 팔로잉을 신청한 것을 보고 내 계정으로 와서 맞팔하게 된다. #선팔하면맞팔이라는 약속된 용어의 해시태그를 사용했기 때문이다. 최신순의 글부터 팔로워를 눌렀기 때문에 바로 맞팔이 될 수 있는 확률도 높은 편이다. 1년 전의 게시물에 #선팔하면맞팔이라는 글에 가서 팔로우를 진행하면 답장이 올 확률도 매우 늦어질 것이기 때문이다. 여기서 이 방법을 사용하면 발생할 만한 문제점이 세 가지가 있다.

❖ #선팔하면맞팔 해시태그의 게시물

첫 번째 문제점은 바로 첫 번째 책에서도 말했지만 인스타그램이 점점 규제가 많아질 것이라고 한 부분이다. 예를 들어 만든 지 한 달이 되지 않은 계정이 하루에 터치할 수 있는 좋아요나 팔로우의 수에 한계가 있다. 또한, 한 시간에 너무 많은 팔로우 버튼만을 누르게 되면 인스타그램은 내가 운영하는 계정을 사람이 아닌 프로그램을 돌리는 계정인 줄 알고 계정의 사용을 정지시키기도 한다.

너무 많은 것들이 빠르게 변하면서 지금도 계속 바뀌기에 모든 것을 완벽하게 여기에 담을 수는 없지만, 한 달도 안된 계정들은 팔로우를 너무 많이 누르지 말라고 권하고 싶다. 만들어진 지 한 달 이후의 계정일 경우 하루에 할 수 있는 팔로우 수는 300~500명 정도 된다.

두 번째 문제점은 선팔하면 맞팔할 수 있는, 내가 팔로잉할 수 있는 숫자가 7,500까지라는 것이다. 7,500명이 되면 더는 다른 사람을 팔로잉할 수가 없게 되니 그 이상을 맞팔로 키우는 데 한계가 있다.

세 번째 문제점은 #선팔하면맞팔이라는 해시태그를 믿고 선팔했는데 상대편에서 맞팔을 오지 않은 경우가 발생한다는 것이다. 이렇게 되면 내 계정에서 팔로워보다 팔로잉의 숫자가 많아지기도 한다. 이 자체가 문제가 되는 것은 아니지만, 이 부분을 싫어하는 사용자들이 있다. 그 이유는 인기가 많은 계정으로 보이고 싶은 욕구가 있기 때문이다. 또 하나는 팔로워보다 팔로 잉의 차이가 많은 계정들을 보면서 '이 계정은 아무한테나 가서 팔로워를 신청하고 다니나 보다'라고 생각하고 팔로잉을 안 해 주는 경우가 생길 수 있다.

그래서 대부분의 사람들은 팔로워와 팔로잉을 비슷하게 맞춰서 하거나 팔로워가 많은 것을 선호한다. 이 기준을 맞추기 위해서는 나를 팔로워하지 않은 사람을 언팔해야 하는데, 나를 팔로워하지 않은 사람을 찾아주는 애플리케이션을 활용해서 언팔^{팔로우 해제}을 하면 된다. 언팔하는 방법에 대해선 앞으로 더 자세하게 다루겠다.

맞팔, 선팔, 언팔의
관계 만들기
계정 언급하기와 사람 태그하기

정성 들여 찍은 사진이 더 많은 팔로워들에게 공개될수록 더 큰 반향이 생기게 될 것은 당연한 일이다. 결국, 인스타그램이 팔로워 숫자로 승부가 결정되는 SNS라고 말하는 것은 그런 맥락에서이다. 그러므로 팔로우 관계는 더욱 건전하게 유지할 필요가 있다.

이를테면 유명인들과 함께 인증사진을 찍는 이유가 팔로워 숫자를 늘리는 데에 도움을 받기 위해서이다. 이 방법이나 맞팔 신청 말고는 방법이 없을까를 고민하게 됐다. 예를 들어, 평범한 보통 사람이 GD나 유명 셀레브레티에게 '맞팔 신청요~'라고 한다고 해서 팔로우를 걸어줄 확률은 거의 없을 것이다. 이

런 현실적인 고민에서 나온 하나의 팁이 바로 '계정 언급하기'
이다.

　유명 셀레브레티가 인스타그램에 사진을 하나 올리면 아마
좋아요나 댓글이 수십, 수백 개씩은 달리겠지만 바쁜 그들이 그
것들을 일일이 확인하고 팔로우 신청을 하기는 현실적으로 힘
들다. 이럴 때 활용할 수 있는 방법이 계정 언급하기이다. 내가
올린 게시물에 팔로우 관계를 맺고 싶은 사람을 언급하면 그 사
용자에게 알림표시가 된다. 선팔한 다음에 GD의 사진을 예쁘게
꾸민 후 계정을 언급하면, 그 사실이 상대방에게 알려지면서 팔
로우를 해줄 가능성은 조금이라도 높아질 것이다. 이런 계정 언
급하기를 하는 방법은 @를 이용하면 되는데, 해시태그를 다는
것처럼 언급하고자 하는 사람의 이름 앞에 @를 입력한다.

　댓글 입력란에 @를 넣고 계정의 첫 글자를 넣어 관련 계정이

❖ @를 이용하여 계정 입력하기와 댓글 입력하기

나타나면, 터치하여 선택한 후 내용을 입력하면 된다. 이때 @와 계정 사이는 띄어쓰기를 해서는 안 된다.

계정 언급하기 이외에도 사진을 통한 팁이 있다. 바로 내가 가진 사진에 태그로 사람을 추가하는 방법이다. 맞팔 관계가 되기를 원하는 사람에게 내 사진을 보여준다. 상대방이 관심 가질만한 사진을 만들거나 내가 가진 사진을 선택한 후, 공유화면에서 사람 태그하기를 터치하여 맞팔하고 싶은 사람의 이름을 검색해 선택하고 완료를 누르면 된다. 이미 갖고 있던 사진이면 해당 사진으로 이동한 후에 사진 아래에 있는 점 3개짜리 버튼을 클릭하면 사람 태그하기 메뉴가 나오는데 그것을 터치하면 된다.

1. 사진을 찍고 사진에 맞는 문구와 해시태그를 입력한다. 그런 다음 사람 태그하기를 누른다.

❖ 사람 태그하기 선택하기

2. 사람 태그하기 화면이 나타나면 사진을 터치하여 태그하고자 하는 사람의 이름이나 계정을 입력하거나 선택한다. 사진에서 태그의 위치를 원하는 곳으로 이동하거나 수정한 다음 완료를 누른다.

❖ 태그할 계정을 언급하거나 선택하기

3. 다음 페이지 그림과 같이 사람 태그하기가 된 것을 확인할 수 있다. 공유하기를 눌러 게시물의 왼쪽 아래 검은 원 안의 사람을 터치하면 태그된 사람을 확인할 수 있다.

❖ 태그된 사람 확인하기

❖ 태그할 사진 선택하기

❖ 사람 태그하기 설정하기

　내 계정이 언급되거나 좋아요나 내 계정이 태그되면 아래쪽
의 하트에 다음과 같은 알림이 나타난다. 그 알람을 누른면 나
를 팔로우하거나 내 게시물의 좋아요를 터치한 계정 등의 정보
를 확인할 수 있다.

❖ 내 계정이 언급되었거나 사람 태그하기 등의 결과 확인하기

인스타그램 프로필의 사람 태그하기를 터치하면, 내 계정이 태그된 사진들을 '회원님이 나온 사진'이라는 화면에서 모두 확인할 수 있다.

❖ 내 계정이 태그된 사진 확인하기

도와줘, 네가 필요해

인스타그램의 사용을
편리하게 돕는 애플리케이션

인스타그램의 좀 더 편리한 사용을 위해 인스타그램 관련한 다양한 애플리케이션들이 있다. 다음은 필자가 추천하는 애플리케이션으로, 플레이스토어와 앱 스토어에서 검색하여 자신의 휴대폰에 설치할 수 있다. 단 휴대폰 기종에 따라 차이가 발생하고, 그에 따라 사용할 수 없는 애플리케이션도 있으니 참고하기 바란다.

팔로워 관리 애플리케이션

● 인스타그램용 팔로어 인사이트

인스타그램을 사용하다 보면, 팔로워의 숫자가 마케팅에 미치는 효과가 있다 보니, 앞서 소개한 다양한 방법으로 선팔을 신청해놓고, 맞팔 하고 나면 다시 언팔하는 계정들이 생기기도 한다. 이러한 계정들의 상태를 확인하기 위해 인스타그램용 팔로어 인사이트 애플리케이션을 사용하면 편리하게 확인할 수 있다. 하지만 아이폰 사용자는 사용에 불편함이 있다.

❖ 팔로어 인사이트 설치 화면

1. 팔로어 인사이트 애플리케이션을 설치한 다음 실행한 후 정리가 필요한 인스타그램 계정을 입력하여 로그인한다.

❖ 팔로어 인사이트 로그인 화면

2. 다음과 같이 인스타그램 계정을 분석하는 화면이 나타난다. 게시물의 개수가 많을수록 시간이 오래 걸린다. 분석이 끝난 화면에서 논팔로어를 선택하여 이를 나타내는 화면이 나타나면, 언팔로우 버튼을 터치하여 정리할 수 있다.

❖ 팔로어 인사트이 언팔

● 팔로워+ for Instagram

팔로워+는 앞서 소개한 인스타그램 용 팔로어 인사이트와 같이 인스타그램에서 운영하는 계정을 분석하고 정리하는 애플리케이션이다.

❖ 팔로워+ 설치

1. 팔로워+애플리케이션을 터치하여 실행시키면 다음과 같이 이메일을 입력하는 화면이 나온다. 이메일을 입력한 후 다음을 터치한 후 브랜드 카테고리에서 자신이 운영하는 계정의 카테고리를 선택한다.

❖ 팔로워+로그인

2. 필자가 운영하는 인스타그램의 정보를 분석하여 정리하였
다. 오른쪽의 최신 게시물 7개를 터치하면 게시물 종류에 따라
상태를 확인할 수 있다.

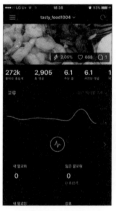
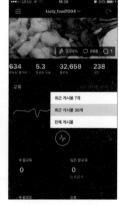

❖ 팔로워인사이트 분석 화면

3. 팔로워+를 실행한 후 메뉴를 통해 나를 팔로워하지 않은 인스타그램 사용자를 찾아서 언팔로우 할 수 있다.

❖ 팔로워+실행 화면

❖ 팔로워+ 언팔 확인

● 라이크미

라이크미는 인스타그램의 팔로워와 좋아요 개수를 늘릴 수 있는 애플리케이션이다. 이 애플캐이션에서 다른 계정을 팔로워하거나 좋아요를 눌러서 받는 쿠키를 이용하여 자신이 운영하는 계정의 팔로워와 좋아요 수를 늘릴 수 있다.

❖ 라이크미 설치 화면

1. 라이크미 애플리케이션을 실행하고 인스타그램으로 로그인한다.

❖ 라이크미 로그인

2. 쿠키줍기 화면이 나타나면 좋아요나 팔로우를 선택한다.

좋아요나 팔로우를 선택할 때마다 내 계정에 쿠키가 쌓인다.

❖ 라이크미 실행 화면

3. 하트 받기 화면에서 선택하기를 터치하여 좋아요를 늘리고 싶은 게시물을 선택하고 원하는 만큼의 좋아요 수를 입력하면 된다. 이때 내가 쌓아두었던 쿠키를 사용하거나 쿠키상점에서 쿠키를 충전하여 쿠키 수만큼 좋아요 수를 늘릴 수 있다.

❖ 라이크미 실행 화면

라이크미 애플리케이션을 실행하고 환경설정의 추천인 관리에 추천인으로 like_me_insta를 입력하면 무료로 200 쿠키가 지급된다. 라이크미 애플리케이션은 추천인 시스템을 이용하여 무료 쿠키를 받을 수 있으니 참고하자.

❖ 라이크미 무료 쿠폰

편의를 도와주는 애플리케이션

● 인스타사이즈 InstaSize

인스타그램에 사진을 올릴 때 사용하는 애플리케이션으로 사
진을 자르지 않고 업로드할 수 있어 유용하다.

❖ 인스타사이즈 설치 화면

1. 인스타그램 사이즈를 터치하여 실행한 후 모든 사진^{라이브러}
리, ^{앨범}에서 사진을 선택하거나 중간의 동그란 버튼을 클릭하여
업로드할 사진을 촬영한다.

❖ 인스타그램 사이즈 실행 화면 1

❖ 인스타그램 사이즈 실행 화면 2

2. 필터를 사용하여 사진을 보정하거나 효과를 사용하여 업로

드할 사진을 수정한다. 그런 다음 완료를 터치한 후 Instagram^인스타그램을 선택한다. 다시 다음과 같은 화면이 나타나면 인스타그램에 복사를 선택한다.

❖ 인스타그램 사이즈 실행 화면 3

3. 내가 운영하는 인스타그램 계정과 바로 연계되어 사진을 업로드할 수 있다.

❖ 인스타그램 사이즈 실행 화면 4

● 인스타그램을 위한 인스트랙 InsTrack for Instagram

내가 운영하는 인스타그램 계정을 분석하고 정리해주는 애플리케이션이다.

❖ 인스트랙 설치 화면

1. 인스트랙을 터치하여 애플리케이션을 실행하여 인스타그램 계정으로 로그인한다.

❖ 인스트랙 로그인

2. 인스타그램 계정이 분석되어 나타난다. NON FOLLOWERS 를 터치한다. 여기서 숫자 2는 '나는 팔로우를 했지만 상대방은 나를 팔로우하지 않는 것'을 의미한다.

❖ 인스트랙 실행 화면

3. 다음과 같은 화면이 나타나면 Following^{팔로잉}을 터치하여 언팔로우한다.

❖ 인스트랙 결과 화면

- 인스타그램을 위한 리포스트 Repost for Instagram

인스타그램을 하다 보면 '리포스트 Repost'하거나 '리그램'이라
는 단어를 자주 접한다. 리그램은 남의 포스팅을 내 인스타그램
계정에서 공유할 때 사용하는 용어다. 인스타그램 자체적으로
는 남의 포스팅을 공유할 수 없으므로 리포스트 같은 애플리케
이션을 사용한다. 아마도 추후에는 인스타그램 내에서도 자체
적인 기능을 사용할 수 있지 않을까 추측해 본다.

❖ 리포스트 설치 화면

1. 리포스트를 터치하여 애플리케이션을 실행한 후 인스타그
램 계정과 연결되면, 리포스트할 게시물을 선택한다.

❖ 리포스트 로그인

2. 리포스트할 게시물의 오른쪽 위쪽의 점 3개를 눌러 나타나는 화면에서 공유 URL 복사를 터치한다.

❖ 리포스트 실행 화면 1

3. 다시 리포스트 애플리케이션으로 돌아오면 방금 URL을 복사한 게시물이 다음과 같이 화면에 나타난다. 리포스트할 게시

물을 선택한다.

✤ 리포스트 실행 화면 2

4. 아래 그림과 같은 화면이 나타나고, 리포스트할 화면의 자르기나 게시물의 원래 계정의 위치 표시 수정이 가능하다. 리포스트를 터치하고 나타나는 화면에서 갓잇[Got it]을 선택한다.

✤ 리포스트 실행 화면 3

5. 다음과 같은 화면이 나타나고, 리포스트할 화면의 자르기나 게시물의 원래 계정의 위치 표시 수정이 가능하다. 리포스트를 터치하고 나타나는 화면에서 갓잇을 선택한다.

❖ 리포스트 결과 화면

은근슬쩍 효과 만점
광고 전략
인스타그램 스폰서 광고 활용하기

인스타그램을 하다 보면 광고인지 아닌지 헷갈리는 게시물을 볼 때가 있다. 페이스북에서는 종종 광고를 보기도 하고, '아, 이건 광고다' 하면서 그냥 스치듯 넘기는 경우도 많다. 인스타그램 계정 옆에서 스폰서드Sponsored라는 단어가 보이는데, 바로 광고라는 이야기다. 또한, 게시물 아래에 더 알아보기나 지금 신청하기 등과 같은 문구가 보이는데, 누르면 관련 웹사이트나 웹페이지로 이동할 수 있다. 비용이 발생하는 부분이기에 광고를 하는 목적을 정확히 이해하고 타깃의 분석이 완벽히 되었을 때 진행하기를 권한다. 그렇다면 인스타그램의 광고 설정 방법에 대해 간단히 알아보겠다.

❖ 인스타그램의 스폰서 광고들

페이스북과 연동하여 광고하기

1. 인스타그램의 광고를 진행하기 위해서는 그 전에 페이스북 로그인이 필요하다. 로그인 후 오른쪽 위의 역삼각형을 클릭하고 나타나는 메뉴에서 광고 만들기를 선택한다.

❖ 페이스북 로그인 후 광고 만들기 선택

2. 광고 관리자 페이지가 나타난다. 광고를 진행하기 전에 캠페인을 설정해야 한다. 사용한 캠페인을 저장해두면 다음번 캠페인에서 다시 불러오기 하여 사용할 수 있어 편리하다. 캠페인 목표에 맞게 선택한 다음 광고 계정 만들기를 클릭한다.

❖ 광고 관리자 페이지에서 캠페인 선택

3. 광고 계정 페이지가 나타나면 설정 후에 계속을 클릭한다.

❖ 광고 계정 페이지 설정

4. 광고 세트 페이지가 나타나면 필요한 내용을 설정한다. 연령과 상세 타케팅은 광고의 효과에 직접적인 영향을 미치는 곳이므로 자신의 마케팅 목적을 분석한 후 설정한다.

❖ 광고 세트 페이지 설정

5. 광고 세트의 화면을 스크롤하여 아래로 내려 예산 및 일정을 설정한다. 앞서 이야기한 것과 같이 마케팅 목적에 맞춰 설정한 후 계속을 클릭한다.

❖ 광고 예산 및 일정 설정

6. 광고 페이지가 나타나면 인스타그램에서 보일 이미지나 텍스트, 광고를 터치했을 때 보이는 웹 사이트나 웹 페이지 등의 설정을 한다. 그런 다음 주문하기를 클릭한다.

❖ 광고 이미지 및 텍스트 등을 설정

7. 다음과 같은 화면이 나타나면 주문하기를 클릭한다. 그러면 인스타그램 스폰서 광고가 설정된다.

❖ 스폰서 광고 설정 완료

인스타그램에서 직접 광고하기

앞에서 페이스북과 연계하여 광고를 진행하는 방법을 알아보았다. 그러면 이번에는 인스타그램에서 직접 광고하는 법을 살펴보겠다.

1. 인스타그램의 경우 비즈니스 계정에서만 광고할 수 있기 때문에 오른쪽 상단의 설정을 터치하여 비즈니스 계정이 아니라면 비즈니스 프로필로 전환한다. 그리고 광고할 게시물을 선택하고 게시물 아래의 홍보하기를 누른다.

❖ 인스타그램 게시물의 홍보
하기 선택

2. 선택한 게시물에 대한 광고 설정 화면이 나타난다.

❖ 광고 설정

3. 게시물의 홍보 목적에 맞춘 행동 유도 버튼을 선택한다.

❖ 행동 유도 버튼 선택

4. 타켓과 총 예산, 기간, 결제 수단 등을 설정한 후 홍보를 터 치하여 광고를 게시한다. 인스타그램의 인사이트에서 광고 게 시물의 노출 수와 클릭 수, 도달 수 등을 확인할 수 있다.

❖ 광고 게시와 인사이트 확인

SNS 인증샷이 보수적인
미술관도 변화시킨다

SNS 세대라고도 일컬어지는 요즘, 사람들은 인증샷으로 하루를 시작하고 인증샷으로 하루를 끝낸다고 해도 과언이 아니다. 특히나 다양한 SNS 채널로 내가 어디를 가는지, 무얼 보고 무엇을 먹는지를 굳이 설명하지 않아도 SNS를 통해 알릴 수 있다. 이런 SNS의 발전은 그동안 소식을 전하지도 못했던 친구나 지인들에게 소식을 전하기도 하고 서로의 안부를 확인하는 창구가 되기도 한다.

특히 SNS 인증샷의 공유는 마케팅으로도 활용이 높다. 예를 들어, 장기불황의 타개를 위해 미술관 내 사진 촬영 허용으로 많은 사람들을 미술관으로 불러들이고 있다고 한다.

사실 미술관에서 작품을 카메라로 찍게 되면 카메라 불빛으로 인해 작품을 상하게 하기도 하고, 때에 따라서는 다른 관객들의 눈살을 찌푸리게 할 수도 있다. 게다가 '저작권'이라는 민감한 문제로 인해 상업적 활용을 우려하여 그동안은 촬영을 금하였으나 SNS의 발전이 이런 환경마저 바꾸어 놓았다고 한다. SNS의 홍보 효과를 무시하지 못하기 때문이다. SNS를 통해 관객이 직접 홍보해주는 것이 효과적이라는 것을 많은 작가들이 알게 되었다. 실제로 미술관에서는 많은 사람들이 카메라로 작품을 담고 있는 모습을 쉽게 볼 수 있다. 나와 SNS로 소통하는 사람이 미술관이나 어떤 경험을 인증샷으로 남겨 인스타그램 등의 채널에 공유해 놓으면, 단순한 광고나 홍보가 아닌 신뢰감을 가진 콘텐츠가 되어 충성도 있고 자연스러운 홍보와 광고효과를 얻게 되는 것이다.

❖ 미술관 방문 인증샷

PART 4

성공이

또 다른 성공을 부르는

인스타그램 마케팅

사례 분석

INSTAGRAM MARKETING

홍보처럼 때로는 아닌 것처럼
이니스프리 인스타그램의 성공

많은 기업들이 SNS 마케팅에 신경쓰는 모습을 보이고 있다. 특히 블로그, 페이스북, 인스타그램으로 채널이 이동하면서 적응을 제대로 하지 못하거나 성과를 내지 못한 경우가 많다. 인스타그램에서 SNS 마케팅을 하고 있는 기업 중에서 많은 환호를 받는 곳 중 대표적인 것은 이니스프리가 운영하고 있는 인스타그램이다. 이니스프리는 아모레 퍼시픽에서 자연주의를 표방하며 만든 화장품 브랜드이다.

이 곳을 한 번이라도 방문해봤다면 느끼겠지만, 인스타그램을 자주 이용하는 20~30대 여성에 맞춰 광고나 홍보 느낌을 담기보다는 감성적인 사진과 문구 등으로 개인이 운영하는 잘된

❖ 이니스프리 인스타그램 @innisfreeofficial

인스타그램 같다. 일관된 콘텐츠와 콘셉트, 그리고 해시태그의 활용은 특히나 괄목하다. 팔로워 숫자도 많은 편이고, 게시물의 감성이 비슷하게 담겨 있다. 특히 요즘 기업들이 추구하는 이미지 홍보가 굉장히 잘 된 사례이다.

다양한 해시태그 이벤트 등으로 더욱 많은 충성도와 절묘한 이미지를 만들어내고 있다고 해도 과언이 아니다. 예를 들어, 자체 브랜드인 이니스프리와 이니스프리가 추구하는 자연주의에 맞는 초록색 또는 그린의 의미가 있는 #innisgreen 해시태그 이벤트는 성공적인 마케팅 사례라고 하겠다. 특히 계절에 맞춘

❖ #innisgreen 해시태그 이벤트

해시태그 이벤트 등도 잘 표현되어 보는 재미뿐만 아니라 자연
스럽게 방문을 유도하고 있다.

귀여운 예술품

러버덕 프로젝트의 성공

'러버덕'이라는 말을 들어본 적이 있는가? 러버덕은 아마도 세상에서 가장 유명한 오리라고 해도 고개가 끄덕여질 것이다. 그전에 러버덕이 무엇인지 모르는 사람들을 위해 간단히 소개하자면, 러버덕은 노란색의 물놀이 오리인형이다. 1992년, 러버덕을 실은 화물선이 침몰하면서 바다에 대량으로 유출되면서 해류의 흐름에 따라 20여 년간 세계를 여행하였다. 이 자료는 해류의 흐름으로 활용되었고, 비로 사고로 일어난 일이지만 세계 곳곳을 다니며 퍼지다 보니 사람들이 사랑과 평화를 전해준다는 의미를 부여하면서 유명세를 치렀다.

이 러버덕이 2014년, 우리나라에 모습을 드러냈었다. 네덜란

❖ #러버덕프로젝트 해시태그

드 작가인 플로렌타인 호프만^{Florentijn Hofman}의 제안으로 시작된 공공미술 러버덕 프로젝트는 서울에서 '힐링'을 주제로 제2롯데월드 개장에 맞춰 제2롯데월드 옆의 석촌 호수에 러버덕이 전시되는 것으로 진행했다.

한 달 동안 전시됐던 러버덕은 무려 500만 명의 관람객을 모으며 엄청난 인기를 끌었다. 또한, 러버덕의 인기를 입증하듯 인터넷 상에서는 러버덕과 관련된 각종 사진이 도배되는 현상까지 벌어졌다. 러버덕의 수난사라고 하면서 일본에서 러버덕의 머리가 다리에 부딪쳐 터지는 사고, 타이완에서의 내부 압력

❖ 유머러스한 러버덕 이미지 1

❖ 유머러스한 러버덕 이미지 2

증가 폭발, 홍콩에서의 공기 주입 호스가 끊어져서 침몰하는 모습 등의 사진이 SNS를 통해 퍼지기도 했었다.

나 너무 피곤해 누워쪄

❖ 유머러스한 러버덕 이미지 3

국내에서도 전시 첫날 바람이 빠지는 바람에 수면 쪽으로 기울어지면서 고개를 숙이는 모습의 사고가 발생했다. 이 사진 역시 SNS를 뒤덮을 만큼 퍼졌고, 네티즌들은 기운 빠진 러버덕을

❖ 코오롱 스포츠   ❖ 처음처럼   ❖ 바닐라코

❖ 편강한의원

향해 힘내라는 응원의 메시지를 보내기도 했다.

국내기업들은 러버덕 프로젝트를 재치 있는 패러디와 함께 활용하기도 하였다.

러버덕 프로젝트 이후 2016년, 한국에서 최초로 시작되는 슈퍼문 프로젝트를 선보이며 재미있고 재치 있는 사진들로 다시 한 번 SNS가 들썩였다. 이렇듯 세계적으로 이슈가 되는 예술품이나 사건은 좋은 인스타그램 마케팅 소재로 활용할 수 있다.

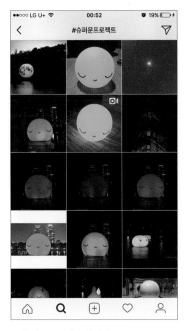

❖ 슈퍼문프로젝트 해시태그

그러니 늘 자신의 제품이나 서비스를 멋지게 홍보할 수 있도록
세계적인 관심사에 주의를 기울일 필요가 있다.

광고 같지 않은 광고
허니버터칩의 성공

2014년 출시 직후부터 몇 달간 품절 대란을 겪을 만큼 열풍이 불었던 허니버터칩은 SNS의 인증샷에서 시작되었다고 해도 과언이 아니다. 특히 유명 연예인이 제품을 들고 인증샷을 찍는 통에 빠르게 입소문을 타면서 엄청난 인기와 이슈를 낳았다. 과자를 구하면 인증샷을 남겨야 허니버터칩을 판매한다는 소문이 SNS를 통해 공유되기도 했다. 시간이 어느 정도 지난 지금도 인스타그램에 등록된 허니버터칩 관련 게시물의 숫자는 그 인기를 실감케 한다.

이러한 성공으로 인해 제2의 허니버터칩을 만들기 위해 업계에서는 소비자의 호기심을 자극하거나 기존 제품의 새로운 맛

❖ 허니버터칩 SNS 인증샷

❖ #허니버터칩 관련 해시태그

출시 등의 화제를 만들며 SNS에 인증샷이나 관련 게시글을 올리기에 혈안이 되었고, 이는 마케팅을 위한 빼놓을 수 없는 수단이 되었다.

동일 제품에 포장을 달리해서 인증샷을 찍기 위해 제품을 구

❖ 초코파이 SNS 인증샷

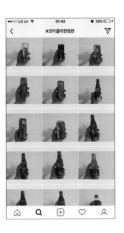

❖ 코카콜라 SNS 인증샷

매하는 소비자가 생길 정도라는 코카콜라의 다양한 패키지나 한정판 관련 인증샷은 SNS에서 자주 목격할 수 있다.

또한, 남보다 먼저 갖고 싶은 심리를 자극하며 한정판을 출시 하거나 이색적인 패키지 디자인으로 눈길을 집중시키며 인증샷을 올리는 제품으로 선택되기 위해 경쟁 중이다. 이는 필자가 계속 이야기했던 '광고 같지 않은 광고'라는 점에서 사람들이 광고가 아닌 하나의 유행처럼 친숙하게 느끼기에 가능한 일이다.

눈으로 먼저 먹고 입으로
다시 한 번 먹는다 - 외식업

많은 업종 중에서도 특히나 외식업은 인스타그램에서의 홍보 효과를 톡톡히 보고 있다. 앞서 밝힌 것처럼 인스타그램은 다른 SNS에 비해 시각적으로 표현되다 보니 외식업에서는 인스타그램을 중요 마케팅 채널로 활용한다.

점점 더 시각적으로 눈길을 끄는 메뉴 또는 희소성 있는 메뉴를 찾아 SNS에 공유하는 소비자들이 늘어나고 있다. 이런 시대적 흐름에 따라 외식업도 화려한 비주얼을 갖춘 메뉴를 만들고 홍보하며 소비자의 요구니즈에 맞춰 변화하고 있다.

지인들의 SNS에서 사진을 보고 메뉴를 결정하며 매장에 방문해서 주문한 음식 사진을 찍어서 공유한다. 그래서 매장에서 판매하는 음식 사진을 SNS에 올리면 할인해주거나 무료로 증정하는 이벤트 등을 진행하면서, 인스타그램에 지속해서 음식이나 브랜드가 업데이트될 수 있게 신경쓰고 있다.

이러한 SNS 마케팅이 점점 더 치열해지면서 메뉴 개발을 할 때 외형이나 색상, 질감 등을 중요하게 생각하고 있으며, 화려한 모습의 메뉴를 개발하고, 그 메뉴들이 온라인상에 퍼져나갈 수 있도록 다양한 이벤트 등의 마케팅 활동을 펼친다. 앞으로도 인스타그램의 인기가 지속될수록 외식업의 비주얼 경쟁은 계속될 것이다.

외식업에서 인스타그램이 마케팅 수단으로 주목받는 것은 소비자가 올리는 사진과 글이 광고가 아니라는 것이다. 본인이 먹은 음식을 광고가 아니라 일상을 자랑하듯 올리는 것이 역으로 광고가 되어 손님이 찾아오는 것이다.

필자가 강의하면서 네이버에 '강남맛집'을 검색하면 나오는 것은 광고인가 아닌가라고 물어보면 70% 정도의 수강생들은 광고라고 대답한다. 네이버에 대한 검색 신뢰도가 하락하면서 젊은 층에서는 실제 사용자가 올린 인스타그램에서 해시태그를 검색해서 매장을 찾아가는 것이 점점 문화로 자리 잡고 있다.

네이버 검색이 제공하는 많은 사진과 글을 봐야하는 것과는 달리 인스타그램에서는 해시태그로 검색한 사진만 편하게 볼 수 있다는 것들이 강점이다. 대표 사진 한 장만 올리는 인스타그램이기에 대표 음식 사진이 한 장씩 올라와 있는 인스타그램에서 스크롤을 내리면서 맘에 드는 사진을 고르기만 하면 되는 것이다.

많은 브랜드들이 인스타그램 공식 계정을 열어 고객들과 소통하고 신메뉴 등을 홍보할 수 있는 채널로 인스타그램에서 활발히 활동하고 있다. 어렵게 생각할 필요는 없다. 지금부터 사진을 찍어 해시태그로 글을 올리는 것부터 시작해보자.

● 인스타그램 인터뷰 ① – @nogunida

❖ @nogunida 계정의 인스타그램 프로필 화면

광주에서 직접 운영하고 있는 술집을 홍보하기 위해 인스타그램을 사용하고 있다. 사실, 가게 홍보를 위해 인스타그램을 시작한건 아니다. 창업 전부터 SNS에 관심이 있었기 때문에 8개월 이상 꾸준히 운영하며 계정을 관리해 나갔다. 그러다 창업하게 되면서 자연스럽게 일과 접목되었다.

내가 운영하는 술집은 중심 상권에서 벗어난 곳에 위치하고 있다. 사실 술집을 운영하기에는 최악의 위치와 조건이었지만, 인스타그램 마케팅으로 기대 이상의 효과를 얻었다. 인스타그램이 없었다면 진즉 폐업해서 공장에 취직하지 않았을까 끔찍한 상상을 해본다.

인스타그램 해시태그 검색을 통해 소비자들이 많이 찍고 올리는 사진을 관찰하는 편이다. 누군가의 특정 계정 속에 담긴 테크닉보다는 전체적인 흐름을 파악하며 마케팅 방향을 잡고 있다. 또한, 급속하게 팔로워를 늘리기보다 유효 팔로워를 늘리기 위해 꾸준하게 콘텐츠를 올리며 인친^{인스타그램 친구}을 관리하고 있다. 뻔한 이야기 같지만, 꾸준함과 지속적인 시간투자가 나만의 방법이라고 생각한다.

주로 사용하는 태그는 지역 상권이다. 예를 들어 #구시청, #상무지구, #충장로, #광주 같은 해시태그를 사용한다. 해시태그를 잘 쓰는 것도 중요하지만, 인기 게시글에 오래 버틸 수 있는 계정 관리가 중요하다고 여긴다.

인스타그램에 사진이나 콘텐츠를 올릴 때 중요하게 생각하는 것은 스토리텔링이다. 평범한 사진이라도 좋은 이야기를 곁들인다면 매력적인 콘텐츠가 될 수 있다. 그리고 15초에서 1분으로 늘어난 인스타그램 동영상 기능을 잘 활용하면 좋을 듯 싶다. 사진보다 더 다양하고 풍부한 콘텐츠 제작이 가능하기 때문이다.

내가 생각하는 마케팅 활동은 사막 어딘가에 숨겨진 오아시스를 찾는 것이다. 힘들지만, 길을 찾았을 땐 엄청난 행복^{효과}과 가능성을 보여주어 기쁘다. 아직 작은 샘물을 발견한 수준이라, 더욱 탐구하고 노력해야 할 것 같다.

패션업계를 쥐락펴락하는
인스타그램 – 패션업

비주얼 위주의 인스타그램에서 가장 큰 홍보 효과를 볼 수 있는 업종 중 하나는 패션업이다. 글보다 사진 위주의 포스팅, 해시태그를 통한 검색의 편리함, 트렌디하고 감성적인 콘텐츠라는 인스타그램의 장점이 패션업에 최적화되어 있다 해도 과언이 아니다.

SNS 마케팅에서는 타깃이 되는 잠재 고객층이 가장 많이 사용하는 채널을 알고 활용하는 것이 중요한데, 인스타그램은 패션에 관심 있는 젊은 층이 많이 사용하기에 패션업에서 보면 중요한 홍보 수단으로 활용되고 있다.

연예인들이 가장 많이 사용하는 SNS 중 하나가 인스타그램이다. 그래서 영향력 있는 패셔니스타들의 인스타그램 게시물은 일반인들에게 크게 회자되곤 한다. 그들의 사진 한 장에 패션 아이템이 완판Sold Out되는 일이 비일비재하기도 해서 그 영향력은 엄청나게 크다고 할 수 있겠다.

최근 '인플루언서'라는 말이 뜨고 있다. 인플루언서란 영향력 있는 개인을 뜻하는 단어로 연예인, 셀러브리티, SNS 스타 등을 포괄한다. 이 인플루언서들이 가장 돋보이게 활약하는 분야 중 하나가 인스타그램이며, 수많은 팔로워를 가진 인플루언서들이 자신의 SNS에 브랜드를 홍보하는 것만으로 그 효과가 어마어마하다. 1인 미디어 시대, BJ의 약진 등으로 앞으로도 이 분야의 시장은 확대될 것으로 보인다.

소셜커머스는 애플리케이션을 실행하면서부터 제품 구매에 대해 생각하고 구경하는 채널이었다. 하지만 결국 가격 할인이라는 부분만 강조하며 광고라는 인식을 깨지 못하여 그 흥행세가 주춤한 상황이다.

고객은 지갑을 열어놓고 무언가 구매하기 위해 SNS를 하는 것이 아니다. 하지만 고객은 마음에 드는 제품을 만난다면 언제든지 지갑을 열 준비가 되어 있다고 해도 과언이 아니다. 그래서 인스타그램에 올라와 있는 예쁜 옷 사진이나 액세서리, 소품 등을 보고 구매가 이루어지는 것이 가능한 것이다.

따라서 팔로워가 많아질수록 많은 사람들이 내가 운영하는 인스타그램을 보고 구매할 확률이 높아지게 된다. 100명의 팔

로워에게 10벌의 옷을 팔 수 있다고 가정한다면, 1,000명일 때
는 100벌, 10,000명일 때는 1,000벌의 옷을 팔 수 있다는 확률
이 된다. 따라서 많은 팔로워를 확보하여 판매 확률을 높여야
한다.

예전에는 오프라인에서 사람들이 지나가다 발길을 멈출 수
있게 만드는 디스플레이가 중요했다면, 이제는 인스타그램에서
스크롤을 내리는 손을 멈출 수 있는 이미지를 올려놓는 것이 중
요해졌다. 자신의 취향과 취미를 드러내고, 과시적 소비가 증가
하면서 패션업에 있어 인스타그램은 선택이 아닌 필수다. 강렬
한 이미지와 그래픽을 중요시하는 패션은 인스타그램에서 뗄래
야 뗄 수 없는 관계다.

● 인스타그램 인터뷰 ② - @kth0702

편하게 입을 수 있는 스타일 위주의 여성 보세의류를 판매하고
있다. 20대부터 60대까지 다양하게 입을 수 있는 데일리룩이다. 처
음에는 오프라인 매장을 운영하면서 매장 방문 고객들과 좀 더 친
근하게 소통하는 장으로 활용할 수 있을 것 같아 시작했다. 사실 인
스타그램을 통해 매출이 상승한다는 정보를 들었을 때도 '사진 한
장으로 판매가 되겠어?' 하며 반신반의했다. 그런데 인스타그램을
통해 피팅 상품 문의가 하나씩 들어오더니 판매까지 이루어졌으며,
그때부터 적극 활용하기 시작하였다.

처음부터 매출이 눈에 띄게 상승한 건 아니지만, 꾸준히 소통하

❖ @kth0702 계정의 인스타그램 프로필 화면

다 보니 인스타그램을 통한 타 지역 단골들도 생기고 오프라인 매장을 방문하는 신규 고객들도 늘었다. 그러다 보니 자연스레 매출도 상승하고 있다.

요즘 인스타그램을 통한 홍보성 글들이 많기 때문에 감성적으로 소통하기가 쉽지 않다. 자칫 광고라고 인식되면 차단을 당하거나 팔로워가 됐던 분들도 팔로워 취소를 하기도 한다. 그래서 나는 광고하고자 하는 상품의 주 고객층을 중심으로 최대한 공감대 형성을 통한 소통을 하고 있다. 또한, 판매상품에 대해서는 먼저 언급하지 않는다.

예를 들면, 주 고객층은 여성분들이며 그중에서도 쇼핑시간이 많지 않은 직장인이나 육아맘들이 많다. 해시태그를 통해 주 고객층을 검색한 후 콘텐츠에 맞는 댓글을 먼저 남기고 자연스레 댓글을 주고받으며 맞팔 유도를 하고 있다. 한 번의 소통으로 팔로워가 꾸준히 지속되기란 쉽지 않기 때문에 잦은 소통을 통해 기존 팔로워를 유지하는 중이다.

인스타그램에 올리는 콘텐츠의 내용은 무겁지 않고 쉽게 공감할 수 있는 콘텐츠를 선정한다. 예를 들어 맛집, 먹방, 좋은 글, 육아 등 그때그때 이슈가 되는 상황을 적절히 올리고 있다. 노출도가 많은 시간 대에 콘텐츠를 올린다. 여성들의 경우 폰을 많이 사용하는 시간대가 대중교통을 이용한 출근 시간이나 점심 시간 또는 퇴근 시간이고, 육아맘들의 경우 아기 취침 후 밤 9시 이후라서 시간 대에 맞춰 포스팅한다.

마케팅은 판매하고자 하는 상품을 소비자가 구매할 수 있도록 유도하는 것이라고 생각한다. 마케팅의 방법은 다양하지만 복제 가능한 제품의 우수성이나 친절하기 만한 서비스가 아닌 이제는 고객 각자의 맞춤형 마케팅이 필요한 듯하다. 그 바탕에는 감성 터치가 기본이 되어야 한다.

● 인스타그램 인터뷰 ③ - @heytae301

평범한 일상을 올리거나 운영하고 있는 years ago^{이얼즈어고}의 제품 소개도 함께 하고 있다. 제품 홍보를 위한 years ago의 오피셜

❖ @heytae301 계정의 인스타그램 프로필 화면

계정은 따로 있으나 연동해서 자연스럽게 일상과 함께 노출하면서 years ago에서 제작하는 의류 및 액세서리의 출시 소식이나 뉴스들을 홍보하고 있다.

years ago를 시작하기 이전부터 인스타그램을 해왔다. 평소 옷에 관심이 많아서 옷을 입고 있는 사진들을 업로드하거나 쇼핑했던 아이템 사진들을 업로드하는 것이 대부분이었다. 그로 인해 패션에 관심이 많고 취향이 비슷한 팔로워들이 생겼다. 그 이후 years ago를 시작하고 자연스레 비슷한 취향의 사람들이 고객이 되었다. 의도치 않게 홍보할 수 있는 하나의 마케팅 수단이 된 것이다.

패션업에 종사하고 있지만 요리나 맛집에도 관심이 많다. 코브라 ○○○클럽이라는 서양 요리 전문점의 오피셜 계정에는 음식 사진이 단 한 장도 보이지 않는다. 요식업 인스타그램 오피셜 계정에는 음식 사진이 도배되어 있다시피 하고, 나와 같은 패션업 인스타그램 오피셜 계정에는 옷에 관련된 사진이 있는 것이 대부분이다. 하지만 코브라○○○클럽의 오피셜 계정엔 늘 올드팝, 올드무비와 같은 음식과는 거리가 먼 영상들만 업로드된다.

가끔 좋은 음악이 올라오기도 하고, 재미있는 영화의 한 장면이 올라오기도 할 때마다 코브라○○○클럽에 관심있는 팔로워들은 그 영상에 나오는 음악이나 영화의 제목을 궁금해한다. 그리고 이 계정으로 인해 코브라○○○클럽에 관해 더욱 궁금해한다. 아마도 좋은 음악과 좋은 영상이 코브라○○○클럽을 감각적이고 재미있는 공간으로 보이게 하는 것 같다. 음식과 영화, 음악을 하나의 문화로 생각하는 요즘 젊은이들의 구미를 당길 수 있는 좋은 마케팅 아이디어이다.

인스타그램은 좋은 텍스트의 힘보다 좋은 사진 한 장의 힘이 더 크다고 생각한다. 디자인 업종은 특히나 더 그렇다. 팔로워를 늘리기 위해 해시태그에 집착하기보다는 좋은 사진 한 장을 얻기 위해 많이 노력한다. 그리고 그 좋은 사진 한 장은 실제 팔로워 수를 늘리는 데에도 도움이 된다. 아무리 멋진 옷을 입고 좋은 제품을 사용한다고 해도 대충 찍어 올린 사진은 그만큼 홍보 효과가 떨어진다고 여겨서 사진 찍을 때 배경, 옷차림, 포즈를 많이 생각하고 찍는 편이다.

마케팅이란 나와 그리고 우리와 친한 친구를 만들어가는 과정이다. 방법과 과정이 어찌 되었든 결과적으로 우리와 오래 함께할 수 있는, 나의 가치와 생각을 공유할 수 있는 친한 친구가 하나 생기는 셈이다. 물론, 따끔한 훈계도 받고 질책도 얻지만 그것을 극복하고 증명해가는 것이 진정한 마케팅의 과정이 아닐까?

지금은 몸스타그램의 시대
– 헬스케어업

'몸스타그램' 열풍인 지금, 인스타그램은 본인을 보여주기에 가장 적합한 SNS이다. 최근 새로운 트렌드인 혼술, 혼밥에 이어 운동 쪽에서는 홈트^{홈트레이닝}, 홈핏^{홈 피트니스}, 혼동^{혼자운동} 등의 신조어가 생겼다. 이러한 문화 속에서 SNS에 운동량과 성과를 인증하는 것이 익숙한 풍경이 되었다.

인스타그램에 등록된 해시태그 중 운동 분야에서 큰 비중을 차지하고 있는 단어가 바로 '몸스타그램' '눈바디' '운동하는 여자' '운동스타그램'이다. 본인의 몸매를 과시하는 사람들이 인스타그램에서 자주 사용하는 해시태그이기도 하다.

몇 해 전까지만 해도 SNS에서는 노출이나 자신의 신체를 공개하는 것이 조금 꺼려지기도 했다. 하지만 SNS 핫스폿인 인스타그램에서는 자신 있게 본인의 몸매를 과시하고 사람들의 반응을 즐기는 것이 자연스럽게 받아들여지고 있다. 수영복 사진이나 운동복을 입고 운동하는 사진 등을 부끄럽지 않게 올리는 계정들이 많아지면서, 연예인들의 전유물이라고 생각했던 많은 부분이 이제는 인스타그램 내에서 일반인에게도 거부감 없는 흔한 일상이 되었다.

이러한 사람들 중에서 얼굴과 몸매에 자신 있는 인스타그램 사용자는 많은 팬을 확보한 인플루언서가 되면서 게시물들에 대한 뜨거운 반응을 얻는다. 본인이 운동하는 사진을 1분 동영상으로 올려서 기록의 목적인 운동일지로 사용하기도 하며, 본인이 먹는 식단을 인스타그램에 올려 팔로워들에게 피드백을 받기도 한다. 운동을 업으로 하는 헬스 트레이너들은 운동방법이나 다이어트 등의 정보를 제공하기에 인스타그램 내에서 운동 관련 게시물이 늘어나며 관심도 또한 높아지고 있다.

최근에는 #홈트레이닝게시물 수 약 11만 건이라는 해시태그로 집에서 운동하는 모습을 올리는 일반인과 집에서 운동할 수 있도록 안내해주는 동영상도 많이 올라온다.

이런 일상 속에서 운동을 즐기는 현상이 나타나다 보니 인증샷을 남기기 위해 신경 쓰고, 그러다 보니 스포츠웨어에 대한 관심과 인기가 함께 높아지고 있다. 스포츠웨어뿐만 아니라 헬스 용품이나 건강보조 식품, 다이어트 상품 등에도 관심을 가지면서 엄청난 홍보 효과를 누리고 있는 현실이다.

헬스트레이너들은 개인 PT나 레슨 등에 대한 모집을 인스타그램에서 하고 있다. 온라인에서 트레이너에 대한 정보와 사진, 후기 등을 보며 다양하게 소통하고 다이렉트 메시지이나 댓글 등을 통해 활발한 피드백을 주고 받는다. 운동 분야가 대부분 시각적이다 보니 관능적인 부분들이 많이 표현되고, 그로 인한 반응도 핫한 것이 사실이다. 게다가 운동을 자기 계발이라고 생각하고, 건강하고 젊게 살려는 시대적 트렌드까지 겹치면서 인스타그램에서 운동 분야는 단연 화젯거리일 수밖에 없는 분야가 되었다.

● 인스타그램 인터뷰 ④ - @___dabin__

평소 활동 모습, 운동, 다이어트, 건강에 대한 포스팅 글과 나의 운동 전후 사진을 주로 올리고 있다. 인스타그램을 통해 P.T 레슨 문의를 받고 있다. 헬스 트레이너가 직업이라 개인 레슨을 주로 홍보하며 차후 다른 상품도 생각 중이다.

페이스북과 다른 인스타그램은 해시태그를 통해 더 많은 사람들과 다양한 소통과 노출, 홍보를 할 수 있기에 인스타그램을 선택했다. 내 생각에는 어떤 마케팅이든 자신을 보여주고 자신을 알리는 '내가 브랜드'라는 생각에 가장 적합한 마케팅 수단이 바로 인스타그램이 아닐까 한다. 많은 분들이 레슨 문의를 주시며, 가끔 지인들 부탁으로 다른 상품을 판매할 때도 많은 효과를 보았다.

❖ @__dabin__계정의 인스타그램 프로필 화면

사진 포스팅을 할 때 시간을 의식하며 하는 편이다. 예를 들면 아침 출근길, 점심 시간, 퇴근길, 잠들기 전 이렇게 사람들이 휴대폰을 많이 사용하는 시간대에 사진을 올리고, 해시태그는 사람들이 자주 쓰는 해시태그를 사용한다.

다양한 해시태그보다는 나의 사진 코드에 맞는 해시태그를 사용한다. 셀카를 주로 찍거나 운동에 포스팅을 많이 하여 #셀스타그램이라든지 #운동하는남자 #다이어트 같은 해시태그를 많이 사용한다.

마케팅이란 어떤 직종의 어떤 직업이든 꼭 필요한 활동이다. 땅에 나무나 꽃을 심을 때 거름이 좋아야 잘 자라듯, 내가 어떠한 일을 하든 간에 마케팅이란 거름이 필요하다. 밑바탕이 단단해야 성장도 가능하기에 늘 SNS 활동을 부지런하게 하게 된다.

고객과의 진정성 있는
소통이 정답이다 - 뷰티업

최근 많은 이들이 화장품이나 뷰티 관련 제품구매 결정에 앞서 일반인들의 사용 후기를 SNS에서 찾아보는 일이 비일비재하다. 인스타그램 내에서 해시태그를 검색하면 많은 게시글들이 올라와 있으며, 광고가 아닌 실제 본인의 일상 글이 광고가 된다는 장점 때문인지 뷰티업계에서도 인스타그램 마케팅에 열을 올리고 있다.

특히 중소기업 등에서는 광고비가 비싼 유명 연예인이 아닌 SNS 스타나 스타일 좋은 일반인들을 모델로 하여 친근하면서도 눈에 띄는 이미지나 영상을 제작해 SNS로 홍보한다. 뚜렷한 타깃팅으로 10~20대를 겨냥하면서 효과는 크고 마케팅 비용은

저렴하기에 많은 업체들이 인스타그램 마케팅을 선호하고 있다. 또한, 온라인에서 입소문을 한번 타면 그 효과는 엄청난 결과로 이어지기에 많은 업체들이 인스타그램 홍보에 신경을 쓰지 않을 수가 없다.

시대가 빠르게 변화하면서 미용실을 선택하는 방법도 많이 변하고 있다. 카카오 헤어숍, 인스타그램, 유튜브, 스마트폰 애플리케이션 등의 다양한 채널을 통해 미용실을 선택하는 이들이 늘고 있다. 일반인들의 SNS활동이 활발해지면서 헤어디자이너와 소통하면서 좀 더 친근하게 자신에게 맞는 스타일을 상담하거나 문의하는 등 많은 사람들이 관심을 기울인다. 그러다 보니 미용실에서는 인스타그램으로 고객 확보에 열을 올리고 있다.

특히나 뷰티 분야는 대놓고 제품이나 브랜드를 광고하려고 하지 말고 소비자와의 관계 마케팅을 통해 고객이 직접 제품이나 브랜드를 홍보할 수 있도록 하는 것이 중요하다. 어떠한 브랜드나 제품들은 고객이 알아서 지인들에게 홍보하고 입소문을 타는 경우가 있다. 하지만 하루에도 분야에 따라 수십에서 수백 가지의 제품들이 쏟아지고 있는 상황에서 이러한 확률을 바라는 것은 힘든 일이다.

사람들은 이제 광고의 홍수 속에서 광고라면 진저리를 치고 있기에, '내 제품이나 브랜드가 좋다'라는 식의 광고는 더는 효과를 얻을 수 없다. 따라서 고객이 화장품이나 네일, 헤어스타

일 등을 하고 나서 자랑하고 싶게 만들어주어야 한다. 그 자랑
이 SNS를 통해서 퍼져나갈 수 있는 최소한의 가이드라인을 제
시하고 진정성 있게 소통하는 것이 중요하다.

- 인스타그램 인터뷰 ⑤ - @ssh0102

❖ @ssh0102 계정의 인스타그램 프로필 화면

　　나는 남성 전문 헤어 디자이너라서 남성 헤어스타일 사진들이나
일과 관련된 일상들도 올려놓고 있다. 직업에 맞게 남성 머리, 남성
헤어스타일 사진들을 주로 올리면서 인스타그램에서 홍보한다. 처
음 인스타그램을 시작할 땐 그냥 일상적인 것들을 올리곤 했다. 인

스타그램을 시작할 당시 스텝프 생활을 할 때여서 마케팅으로 활용할 생각을 못했는데, 점점 디자이너를 준비하면서 원장님들의 권유로 해보게 되었다. 팔로워가 늘어갈수록 재미도 생겼고 점점 빠져들게 되었다. 효과가 아주 크진 않았지만, 팔로워가 늘어날수록 그만큼의 사람들이 내 게시물들을 보게 되어 댓글로 문의가 들어오거나 직접 문의가 들어오는 편이다.

많은 미용인들이 인스타그램으로 마케팅 활동을 하고 있다. 가장 인상 깊은 인스타그램이라면 스승님의 인스타그램이다. 다른 분들과는 다르게 작품사진을 많이 올리진 않으셨는데 문의가 굉장히 많았다. 이유를 들자면 여자 선생님이신데 본인 헤어스타일이 남성 머리 스타일이기 때문인 것 같다. 그래서 본인의 머리로 스타일링을 해서 사진을 올리고 스타일링 방법까지 적다보니 그만큼 효과가 있었다. 여성 머리를 스타일링하시는 분들은 본인 머리로 스타일링하지만, 남성 머리 전문 헤어디자이너이신 분들 중에서, 그것도 여성이 그렇게 하는 건 흔하지 않아서 인상이 깊은 것 같다.

인스타그램에서 보통 얼굴이 예쁘거나 잘생기면 팔로워가 많이 는다. 그래서 최대한 얼굴 사진으로 팔로워를 늘려놓고 하루에 게시물을 3개 정도씩 사람들이 많이 볼만한 시간대에 올리려고 노력한다. 인스타그램을 운영할 때 나의 얼굴을 많이 활용하는 편이다. 하루에 팔로워가 100명씩 늘어날 때도 있어서 뿌듯했다.

일단 사람들이 자주 보는 시간대, 예를 들면 오전 11시 40분 정도에 얼굴 사진을 하나 올린다. 그런 다음 팔로워를 늘리고 오후 시간에 다른 일상 사진이나 작품 사진을 올려서 하루에 3개의 게시물을 올리려고 노력한다. 가끔 얼굴 사진을 찍기 귀찮을 때는 스노우 애플리케이션을 이용해서 동영상으로 찍고 그냥 올리기도 한다.

　나의 직업 특성으로는 기술적인 문제가 크지만 기술이 뛰어나도 홍보하지 않으면 그 기술을 당사자만 알고 있을 것이다. 요즘은 미용에도 마케팅이 중요해서 인스타그램 활동 같은 홍보를 주로 해왔던 분들을 채용하고 싶어할 정도이다. 인스타그램은 나를 홍보할 수 있는 가장 좋은 수단이라고 생각한다. 마케팅 활동을 하지 않는 사람과 하는 사람은 확실히 구분될 정도로 중요하다. 성공하고 싶다면 마케팅을 가장 첫 번째로 신경써야 하는 것 같다.

개인브랜딩의 정점,
인스타그램 – 프리랜서 1인 기업

프리랜서는 1인 기업인 셈이다. 본연의 전문적인 업무 외에 영업이나 상담도 해야 하고 세무도 맡아서 해야 하며, 심지어 법적 대응도 혼자 해야 한다. 그중에서 가장 어렵고 신경써야 하는 것이 영업, 즉 마케팅이라고 할 수 있다. 내가 무슨 분야의 일을 한다는 것을 사람들이 알아주고 찾아주어야 일이 생기고 매출로 이어지기 때문이다.

필자가 강의할 때 질문하는 것 하나가 있다. 여태까지 한 번도 맞춘 사람이 없는 질문은 바로 '오늘 스마트폰을 몇 번 보았는지 셀 수 있는 분?'이다. 단 한 명도 맞춘 적이 없는 이 질문은 우리 시대를 정확하게 반영한 것이라고 생각한다. 그만큼 스마트폰의 이용자가 급증했고 그 스마트폰에서 영향력을 미치는 게 중요한 시대가 되었다. 그중에서도 SNS는 브랜딩뿐만 아니라 많은 사람들과 교류를 가능하게 하는 가장 좋은 소통 채널이다.

물론 SNS를 광고를 보기 위해 하는 건 아니지만, SNS를 활용하는 모두가 소비자인 동시에 생산자이다. 본인의 일상이 광고가 될 수 있다는 점에서 프리랜서에게 SNS는 상당히 매력적인 채널이다. 기존에 신문사나 언론사, 방송사가 여론을 주도하던 것들이 스마트폰의 발달로 이제는 SNS가 더 큰 파급력으로 여론을 주도하기도 한다. 전통적인 미디어인 신문사보다는 1인 방송, 아프리카 TV, 유튜브 등에 대한 관심이 더 뜨거운 것이 사실이다.

이러한 현실에서 SNS는 1인 기업 최고의 홍보 수단이 되었다. 하지만 아무것도 하지 않으면 아무 일도 일어나지 않는다. 그러니 부지런한 활동만이 살길이다. 본인의 콘텐츠만 있으면 광고 비용을 들이지 않고 본인을 홍보하는 것이 가능해졌다. 또한, 거미줄처럼 연결되어 있는 네트워크 속에서 기반을 만들어가며 활용할 수 있게 되었다.

본인이 하는 일, 그에 따른 업적, 그것을 위해 노력하는 모습, 자기 계발 활동 등을 SNS에 부지런히 올리고 많은 사람과 소통하면 된다. 그러다 보면 그것들이 쌓여 그 분야의 전문가로 인식하게 되고, 그런 인식이 쌓이면 기회가 오게 되는 것이다.

● 인스타그램 인터뷰 ⑥ - @eunjin829

❖ @eunjin829 계정의 인스타그램 프로필 화면

운영하는 인스타그램은 일상과 생각 그리고 하고 있는 일에 대한 기록이 담긴 다이어리와도 같다. 게다가 자연스럽게 많은 분들을 알게 되어 정보 공유와 인맥을 쌓게 되는 소중한 공간이기도 하다.

고객만족 서비스라고 하는 CS교육과 ^{강의 및 기획} CS강사 양성과정을 기획하여 CS강사가 되고자 하는 분들을 양성하는 일을 하고 있다. 그래서 이와 관련된 교육 과정이 개설되면 인스타그램에 홍보한다. 또 다른 직업은 보험설계사이다. 그래서 고객들이 보유한 보험을 점검해 드리고, 아직 보험이 없으신 분들께는 재정 상태 및 개인 상황들을 고려해 보험 상품들을 설계해 드린다. 보험업 그러니까 설계사의 역할이나 비전 등이 궁금하다고 연락이 오는 분들과 만나 면담하고, 함께 즐겁게 일할 수 있도록 도와드리기 위해 유익한 정보들을 공유한다. 퀀트를 기반으로 만들어진 상품들을 주식 방송을 통해 소개하고, 종목들을 설명하는 일을 했었기 때문에 이와 관련된 정보들도 함께 홍보한다.

프리랜서로 활동하면서 나는 나 자신을 브랜딩하고 홍보해야 한다는 생각으로 마케팅이 필요할 수밖에 없었다. 광고를 하자니 비용적인 부분이 너무 부담스러웠다. 그래서 '비용을 적게 들이고 할 수 있는 것이 무엇이 있을까?'라고 고민하던 즈음에 카카오스토리를 보고 교육 문의와 컨설팅 등 의뢰가 들어오는 경험을 하게 되었다. 그런데 카카오스토리는 많은 사람들과 접하는 데에 한계가 있으므로, 더 많은 사람들과 만날 수 있는 소통의 공간을 찾다 보니 페이스북과 인스타그램까지 활용하게 되었다.

인스타그램을 마케팅 수단으로 사용하면서 인스타그램 덕을 톡톡히 봤다. 연락처가 공개되어 있는데, 다이렉트 메시지나 문자 등으로 관련 연락이 온다. 지금까지도 연락하고 지내는 이들도 많다. 강의 및 컨설팅도 하고, 나의 후배가 되어 일을 하는 분들도 있다. 물론 고객이 되신 분들까지! 이런 나에게 인스타그램이라는 수단은 중요할 수밖에 없다.

나는 피드 확인을 자주 한다. 추천에 뜨는 분들 중에 마음에 드는 피드도 많이 들어간다. 그래서 좋아요를 누르거나 댓글을 많이 남긴다. 나에게 댓글을 남겨주면 나 또한 상대방에게 댓글을 남기면서 소통을 이어나가려고 노력하고 있다. 그리고 최대한 솔직하려고 한다. 워낙 SNS에 거짓으로 꾸며진 것들이 많아 서로 신뢰를 쌓기가 힘든 경우도 있기 때문이다. 내가 하는 일에, 행동에, 말에 더 솔직하게 표현하고 있다. '즐겁게 살아가기'가 나의 인스타그램의 특징이기도 하다. 그래서인지 나의 인스타그램을 보면 기분이 좋고, 긍정의 힘을 얻게 된다면서 자주 방문하게 된다고들 한다.

올리는 콘텐츠에 맞는 상황이나 제품 등을 잘 표현할 수 있도록, 특징을 드러내기 위해 다양한 각도로 사진을 찍어서 올린다. 여러 장의 사진을 한 장으로 묶어서 올리기도 한다. 물론 글도 대충 쓰지 않는다. 글을 보면 이 사진이, 이 영상이 무얼 말하는지, 알 수 있게끔 표현하고자 하는 것들을 정성껏 쓰려고 한다. 그렇다고 길게 쓴다는 말은 아니다. 쉽게 이해하고, 기억할 수 있게 표현하다보니 콘텐츠^{사진} 등을 고르고 올릴 때 시간이 좀 걸리는 편이다.

나에게 마케팅은 나라는 브랜드를 판매하기 전, 일차적으로는 나에 대한 호감과 관심을 갖게 하여 내 인스타그램에 들어오게 하는 것이고, 이차적으로는 다양하고 솔직한^{정직한} 사진^{콘텐츠}을 업로드 하면서 일회성이 아닌 계속 방문할 수 있게끔 하여 소통하는 것이다. 이러한 소통을 통해 신뢰를 쌓는 것이라고 생각한다. 이것이야말로 진정한 마케팅이 아닐까? 그러다보면 자연스럽게 나라는 브랜드를 신뢰하고 매출까지 연결되지 않을까?

❖ @hasvoice 계정의 인스타그램 프로필 화면

프리랜서 아나운서와 스피치 강사로 활동하고 있다. 그래서 나 자신을 홍보하는 인스타그램을 운영 중이다. 보통 내가 하는 행사나 강의와 관련한 게시물을 올리고, 음식이나 배경 등의 일상을 담은 사진들도 함께 올린다.

이제 SNS는 빠질 수 없는 홍보수단이 되었다. 특히나 인스타그램처럼 핫한 SNS를 안 할 수 없겠다는 생각이 들었다. 인스타그램이야말로 글을 길게 쓰지 않아도 사진 한 장으로 콘텐츠를 만들 수 있기에 많은 시간을 들이지 않고 활용할 수 있어 편리하다. 실제로 인스타그램에 올린 사진을 보고 행사나 강의에 대해 문의하시는 분들이 계신다. 한번은 행사 직전에 행사명을 태그해서 사진을 올렸더니, 관객 한 분께서 인스타그램에서 봤다면서 인사를 하러 오셨다. 인스타그램의 위력을 다시 한 번 느꼈던 경험이었다.

나 또한 다른 사람의 인스타그램에 찾아가 댓글을 달고 좋아요를 자주 누르려 노력한다. 나의 인스타그램을 찾아오기를 기다리는 것보다 먼저 다가가 맞팔 요청을 드리면 대부분 흔쾌히 인스타그램 친구가 되어준다.

콘텐츠를 올릴 때 여러 장의 사진을 겹치는 것보다 느낌 있는 사진 한 장을 올린다. 그러면 여러 장을 올렸을 때보다 반응이 좋은 것 같다. 사진에 대해 관심이 없었는데 인스타그램 덕분에 구도라든지 색감을 반영해서 사진을 찍게 되었다. 애플리케이션을 활용하는 편인데 9cam캠을 사용하면 느낌있는 사진을 찍을 수 있고, 셀카를 찍을 경우 MakeupPlus메이크업플러스를 사용해 살짝 포토샵의 도움을 받는다.

내게 마케팅은 '생활'이 되었다고 생각한다. 매일 쓰는 스마트폰처럼 SNS 마케팅은 생활과 직접적으로 연관되어 있는 것 같다. 특히 이제는 그냥 사진을 찍는 것이 아니라 인스타그램에 어떻게 올릴까 생각하곤 한다. 자신이 가지고 있는 능력이 상품인 사람들에게도 적극적인 홍보는 필수이다. 앞으로도 누군가가 찾아와주길 기다리기보다 계속 나 자신을 마케팅하고 적극적으로 인스타그램을 활용할 계획이다.

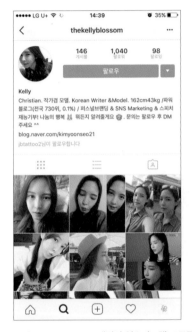

❖ @thekellyblossom 계정의 인스타그램 프로필 화면

　　모델 활동, 일상, 패션, 여행, 뷰티를 주로 다루고 있다. 최근에는 직접 제작하는 수제화를 공동구매 하는데 홍보하는 채널로도 활용 중이다. 인스타그램은 사진과 키워드로 홍보가 가능한 간편성이 큰 장점이다. 동영상 지원과 저장기능이 새로 추가되어서 나날이 개인 인스타그램 유저들이 내세우는 상품 홍보의 수준도 높아지고 있는 것 같다. 나 또한 인스타그램의 프로필에 블로그나 개인 사이트 주소를 기재하여 사진에 보이는 제품에 관심 있는 사용자들을 유입하여 마케팅 효과를 좀 더 올리려고 하였다.

점심 시간이 끝나는 오후 1시, 잠들기 전 스마트폰을 사용하는 시간인 밤 11시 정각에 맞춰서 피드에 사진을 업데이트한다. 사진에는 그에 맞는 해시태그를 30개 정도 넉넉하게 작성하고 짧은 문구나 일기식의 글과 함께 올리면 순식간에 많은 '좋아요'를 받을 수 있다.

해시태그를 주제별로 나눠서 사용하고 있다. 일상과 관련해서는 #데일리#daily#일상글#일상#일상스타그램, 뷰티와 관련해서는 #뷰티#beauty#화장품#메이크업#makeup#데일리메이크업#뷰티스타그램, 여행과 관련해서는 #여행스타그램#여행#travel#trip#나홀로여행#alonetrip#일상탈출#일탈처럼, 주제에 맞는 해시태그를 적는다. 그래서 해시태그를 미리 메모장에 저장해두고 복사해서 사용하는 편이다. 그렇게 하면 시간도 절약할 수 있고 팔로워나 좋아요도 빠른 기간 내에 확보할 수 있다.

마케팅 활동 없는 1인 기업은 농부에게 곡괭이가 없는 것과 같고, 어부에게 그물망이 없는 것과 같다. 인스타그램이야말로 어려운 경기에 개인 사업자들이 감각적으로 알고 있어야 하는 수단이라고 생각한다. 특히 SNS 같은 바이럴 마케팅 수단은 1인 창업을 하는데 있어서 꼭 필요한 요소이다. 마케팅을 알지 못한다면 개인이든 기업이든 어마어마한 상품경쟁의 시대에 좋은 제품을 보유하고 있어도 사용자들에게 호감을 살 수 없기 때문이다.

선순환 만들기
SNS 브랜드 마케팅 전략

1. SNS 채널별 전략을 달리 세워라

SNS 채널별로 사용자들이 조금씩 다르다. 기본적으로 카카오스토리는 젊은 층보다는 여성분들 중 주부 층이 많이 사용하고, 페이스북과 인스타그램은 젊은 층을 대상으로 하지만, 10대에서는 페이스북이 좀 더 우세하고 인스타그램은 그보다는 연령대가 조금 높은 편이다. 페이스북은 글 속에 링크나 사진이 여러 장 들어가지만 인스타그램은 많은 제약이 있는 편이다. 이러한 채널 마다의 특징에 맞게 SNS 채널별 전략을 세우는 것이 중요하다. 처음에 어떤 채널이 본인에게 맞는 건지 잘 모르겠다면 경쟁사를 보고 모니터링한 다음에 운영하는 것을 추천한다.

2. 사람들은 SNS로 소통하려고 한다는 것을 잊지 말라

SNS에서는 약자도 강자도 존재하지 않으며, 모두가 동등한 자격을 가지고 있는 공간이다. 개인이나 기업이 모두 어울려 있는 자리이며, 서로의 사적인 이야기나 정보공유 등의 네트워크가 활발히 일어나는 공간이기도 하다. 만약 SNS에서 광고하려고 힘을 잔뜩 준 채 들어왔다면, 오히려 고객들에게 외면받을 확률이 높다. 진정성과 소통을 통해 천천히 친근한 이미지를 쌓아가는 것을 추천한다. 그러나 천천히 이미지를 쌓아간다고 해서 마케팅 효과까지 천천히 늘어난다는 것은 아니다. 모바일 세상은 아주 빠르게 움직이며, 작은 행동 하나가 발화점이 되어서 아주 놀라운 결과를 만들어 내는 것이 가능하다. SNS 세상에서는 하루아침에 유명 브랜드가 되는 일도 있다.

3. 지피지기면 백전백승 임을 명심하라

필자가 많은 브랜드관련 담당자와 미팅을 하면 모두들 자신이 관리하는 브랜드가 좋다고만 이야기한다. 특허가 있다거나 가격 경쟁력이 좋다거나 향이 좋다는 등 장점만 나열하는 것이다. 물론 그것이 거짓이라고 생각하지는 않는다. 다만 모든 업체가 본인의 브랜드를 그렇게 이야기 하고 있으며, 고객들의 입장에서는 모든 제품들이 그렇게 외치고 있기에 선택하는데 어려움이 생긴다.

자사의 제품을 홍보하려고 한다면 다른 브랜드의 제품과 차별화할 점이 무엇인지 정확하게 알고, 현재 브랜드 인지도와 소비자가 생각하는 브랜드 아이덴티티를 확실하게 인지하고 그것을 통한

SNS 마케팅을 하기 바란다. 예를 들어, 중년 여성이 선호하는 브랜드인데 SNS에서는 젊은 층이 많다고 홍보 모델로 남자 아이돌을 쓴다면? 아마 실제 구매층인 중년 여성은 그 아이돌이 누구인지도 모르기에 홍보 효과는 거의 없을 것이다. 그러기에 본인 브랜드의 정확한 타깃과 포지셔닝을 이해한 후 그 장점을 바탕으로 SNS 마케팅을 해야 한다.

4. 고객은 광고를 보려고 SNS 하지 않는 것을 잊지 마라

블로그, 페이스북, 인스타그램, 카카오스토리, 홈페이지에 이벤트를 진행하는데 하나의 이미지를 전체에 옮겨 놓는 경우가 종종 있다. 물론 하지 않는 것 보다야 낫지만, 각 채널마다 예쁘게 보이는 이미지 사이즈와 채널별 특징이 있기 때문에 거기에 맞춰서 이미지를 따로 제작하는 것이 훨씬 효과적이다.

고객을 단지 물건을 사주는 대상으로 본다면, 고객은 나를 외면할 확률이 높아진다. 너무나 많은 광고에 노출되어 있는 고객은 광고라면 이제 손사래를 치기 때문이다.

5. 내 지인의 사용후기가 SNS에 오를 수 있도록 기획하라

내 지인의 사용 후기는 광고로 인식하지 않기 때문에 자연스런 광고가 될 뿐만 아니라 나아가 나의 브랜드에 관심을 갖게 할 수도 있다. 관심을 가진 그 고객이 지인의 후기를 보고 제품을 쓰게 된다면, 그 고객 또한 본인의 SNS에 사용 후기를 올리게 만들어라. 그럼 선순환처럼 제품은 입소문을 탈 것이다. 이게 진정한 의미의 바이럴 마케팅이다.

미지의 세계, 인스타그램 마케팅은
두려움을 극복한 용기의 결과물

이 책을 쓰기 전에는 사실 나 스스로가 우리나라에서 인스타그램을 제일 잘할 수 있다고 생각했다. 더불어 그에 따른 실적이나 사례도 보여줄 자신이 있었다. 그런데 막상 마무리하는 시점이 오니, 이것저것 많은 생각이 떠오른다. 너무나 빠르게 변화하는 SNS 환경 속에서 조금이라도 뒤처지지는 않을지 늘 조바심을 내었고, 내가 모르는 새로운 것이 생긴 건 아닌지 늘 찾아야 하는 긴장의 연속이었다. 찾았을 때에는 그 누구보다 빠르게 연구해야 했다.

그래서 새롭게 무엇인가 출시가 된다는 것이 내게는 설렘이 아니라 두려움과 부담감으로 다가왔다. 고백컨데 이 책은 나의 두려움과 부담감의 결과물이다.

전통적인 마케팅이 시대와 호흡하지 못하면서 때론 뒤처진 것으로 기억 속에서 멀어져 갈 때도 인식 속에서 멀어져 가는 그 순간에도 빠르게 변화하는 것들을 습득해야 했고, 새로운 환경에서 수익을 내고 마케팅을 해야 하는 상황에 맞닥뜨려졌다. 아무도 가보지 않은 길을 먼저 가보고, 그 길이 다른 길보다 낫다는 확신을 갖기 위해서는 용기가 필요했다. 애당초 정답이라는 것이 존재하지 않는 SNS임에도 불구하고, SNS 마케팅의 결과물에만 치우쳐진 글을 쓰진 않았나 하는 생각이 들면서 부끄럽기도 하다. 또한, 정녕 '나는 따뜻한 진정성을 가지고 소통했는가'라는 생각들이 주마등처럼 스쳐지나간다.

지금 인스타그램 마케팅에 주목하고 해야 하는 이유는 늘 말하듯, 온라인상에서는 모두가 동등하다는 점 때문이다. 대기업이든 허름한 뒷골목의 작은 분식점이든, 개인이든 회사이든, 인스타그램은 누구에게나 '거의 동등한 가능성'을 제공한다.

그 동등한 가능성을 제공하는 인스타그램을 조금이나마 편안하고 친숙하게 다가갈 수 있도록 필자가 가진 노하우며 지식들을 열심히 이 책에 담았다. 사실 다시 책을 쓴다고 하더라도 이 보다 잘 쓸 수 있을까 하는 생각마저 든다.

당신이 실제로 경험할 인스타그램 실전에서 때론 성과가 나지 않아서 좌절하기도 하고 그만두고 싶기도 할 것이다. 그럴 때마다 이 책이 당신을 일으켜 세우고, '조금만 더 해보자'라는 희망의 메신저가 되기를 진심으로 바란다. 필자가 현장에서 경험했던 실수와 시행착오들을 조금이나마 겪지 않기를 기원하며, 이 책이 나오기까지 고생해주신 모든 분들과 응원해주신 많은 이들에게 다시 한 번 머리 숙여 진심으로 감사드린다.